ALPHABET HAÏTIEN

Faustin I.er, Empereur d'Haïti.

PARIS
LIBRAIRIE DE L. HACHETTE ET C.ie
(Près de l'École de Médecine)

1854

ALPHABET

ET

PREMIER

LIVRE DE LECTURE

A L'USAGE
DES ÉCOLES PRIMAIRES D'HAITI

PARIS
LIBRAIRIE DE L. HACHETTE ET Cie
RUE PIERRE-SARRAZIN, N° 14
(Près de l'École de Médecine)
—
1854

Avis des Éditeurs.

Tout exemplaire de cet ouvrage non revêtu de notre griffe sera réputé contrefait.

L. Hachette et Cie

Imprimerie de Ch. Lahure (ancienne maison Crapelet)
rue de Vaugirard, 9, près de l'Odéon.

ALPHABET.

1ᵉʳ EXERCICE.

ALPHABET USUEL.

A B C D E F G H I
J K L M N O P Q
R S T U V X Y Z.

a b c d e f g h i
j k l m n o p q
r s t u v x y z.

a b c d e f g h i
j k l m n o p q
r s t u v x y z.

IIᵉ EXERCICE.

SONS ET ARTICULATIONS COMPOSÉS.

Sons composés dans la forme seulement.

au   **eu**   **ou**   **ie**   **ue**
é-l*au*.   ne-v*eu*.   hi-b*ou*.   p*ie*.   r*ue*.

an   **in**   **on**   **un**
ma-m*an*.   la-p*in*.   sa-v*on*.   a-l*un*.

Sons composés, ou diphthongues.

ia   **ié**   **iè**   **io**   **oi**
d*ia*-ble.   pi-t*ié*.   f*iè*-vre.   f*io*-le.   r*oi*.

ieu   **ian**   **ien**   **ion**
D*ieu*.   v*ian*-de.   b*ien*.   l*ion*.

oin   **oui**   **ui**   **uin**
f*oin*.   *oui*.   l*ui*.   j*uin*.

Articulations composées dans la forme seulement.

ch   **ph**   **ill**   **gn**   **qu**   **gu**
va-*ch*e.   pa-ra-*ph*e.   fa-m*ill*-e.   vi-*gn*e.   Pâ-*qu*e.   va-*gu*e.

ge comme **j** devant *a*, *o*, *u* :
il man-*ge*a ; *ge*ô-le ; ga-*ge*u-re.

IIIᵉ EXERCICE.

SONS SIMPLES
précédés d'une articulation simple ou d'une articulation composée dans la forme seulement.

ba	be	bé	bè	bê
ba-bil.	ro-be.	bé-nir.	bè-gue.	bê-te.
bi	bo	bu	bâ	bû
bi-jou.	bo-bi-ne.	bu-tor.	bâ-ton.	bû-che.
pe	pé	pè	pê	pi
pe-lu-re.	pé-ché.	pè-che.	pê-che.	pi-lon.
po	pu	pâ	pa	py
po-li.	pu-re-té.	pâ-te.	pa-pa.	py-lo-re.
ce	cé	cè	ci	cy
pla-ce.	cé-le-ri.	cè-dre.	ci-té.	cy-gne.
co	cô	ca	cu	câ
co-ton.	cô-te.	ca-fé.	cu-ve.	câ-lin.
ka	ki	ko	gâ	ga
Mo-ka.	ki-osque.	Ko-ran.	gâ-che.	ga-lon.
go	gu	gé	ge	gî
go-be.	lé-gu-me.	gé-nie.	ge-nou.	gî-te.
jo	ju	ja	je	jé
jo-li.	ju-pon.	ja-lon.	je-ton.	Jé-rô-me.

ALPHABET.

di	**do**	**dy**	**du**	**de**
di-re.	i-*do*-le.	*dy*-na-stie.	*du*-pe.	din-*de*.
da	**dé**	**dè**	**dô**	**dy**
da-me.	*dé*-mon.	mo-*dè*-le.	*dô*-me.	*dy*-na-mi-que.
ta	**ti**	**to**	**ty**	**tu**
ta-pe.	*ti*-ra-de.	*to*-tal.	*ty*-ran.	*tu*-mul-te.
te	**tâ**	**té**	**tô**	**tê**
te-nir.	*tâ*-che.	*té*-moin.	*tô*-le.	*té*-te.
fu	**fâ**	**fe**	**fa**	**fé**
fu-ti-le.	*fâ*-ché.	*fe*-lou-que.	*fa*-tal.	*fé*-cu-le.
fè	**fê**	**fi**	**fo**	**va**
fè-ve.	*fê*-te.	dé-*fi*.	*fo*-lie.	*va*-ni-té.
vo	**vi**	**vu**	**ve**	**vé**
vo-lé.	*vi*-pè-re.	pour-*vu*.	*ve*-nir.	*vé*-ri-té.
vê	**le**	**la**	**lé**	**lè**
vê-tir.	*le*-vu-re.	*la*-me.	*lé*-gal.	é-*lè*-ve.
lo	**li**	**ly**	**lu**	**lâ**
lo-cal.	*li*-me.	*ly*-re.	*lu*-tin.	*lâ*-che.
re	**ri**	**ro**	**ru**	**ra**
re-di-*re*.	*ri*-de.	*ro*-be.	*ru*-ral.	*ra*-re.
ré	**rê**	**me**	**mé**	**mè**
eu-*ré*.	*rê*-ve.	*me*-lon.	*mé*-ri-te.	*mè*-re.

ALPHABET.

mê	**mi**	**mo**	**mu**	**ma**
mé-me.	a-*mi*.	*mo*-de.	*mu*-tin.	*ma*-tin.
nè	**ni**	**no**	**nu**	**ne**
nè-gre.	*ni*-che.	*no*-te.	*nu*-que.	*ne*-veu.
na	**né**	**su**	**sa**	**se**
na-tu-re.	*né*-ga-tif.	*su*-a-ve.	*sa*-me-di.	*se*-rin.
sé	**sè**	**si**	**so**	**sy**
sé-né.	*sè*-che.	*si*-gne.	*so*-li-de.	*Sy*-rie.
zé	**zo**	**zè**	**zu**	**ze**
zé-ro.	*zo*-ne.	*zè*-le.	a-*zu*-ré.	ga-*ze*.
zi	**za**	**zy**	**xa**	**xé**
zi-*za*-nie.		a-*zy*-me.	(il) fi-*xa*.	ta-*xé*.
cha	**che**	**chi**	**chê**	**cho**
cha-ri-té.	*che*-val.	*chi*-ca-ne.	*chê*-ne.	*cho*-qué.
chu	**chy**	**phi**	**pha**	**pho**
chu-te.	*chy*-le.	*Phi*-lo-mè-le.	*pha*-re.	*pho*-que.
phé	**gna**	**gné**	**gni**	**gno**
phé-nix.	(il) ga-*gna*.	ro-*gné*.	bé-ni-*gni*-té.	i-*gno*-ré.
qua	**qui**	**quo**	**quê**	**gue**
qua-li-té.	*qui*-vi-ve.	*quo*-tidien.	*quê*-te.	ba-*gue*.
gué	**gui**	**geô**	**geu**	**gea**
gué-ri-te.	*gui*-de.	*geô*-le.	ga-*geu*-re.	(il) ran-*gea*.

IVᵉ EXERCICE.

SONS COMPOSÉS
précédés d'une articulation simple ou d'une articulation composée dans la forme seulement.

feu	mou	rue	vue	tie
feu.	*mou-*lin.	*rue.*	re-*vue.*	or-*tie.*
mie	tan	tin	vin	mon
a-*mie.*	*tan-*te.	mu-*tin.*	di-*vin.*	*mon-*de.
tié	miè	pio	moi	boi
a-mi-*tié.*	lu-*miè-*re.	*pio-*che.	*moi-*tié.	*boi-*re.
loi	lieu	pieu	tien	lien
loi.	*lieu.*	*pieu.*	*tien.*	*lien.*
tui	sui	rui	fia	cun
é-*tui.*	*sui-*vi.	*rui-*né.	*fia-*cre.	cha-*cun.*
soin	moin	coin	join	
soin.	té-*moin.*	*coin.*	*join-*tu-re.	
chou	chan	chon	chien	
chou.	*chan-*son.	bou-*chon.*	*chien.*	
choi	gnon	gnan	quan	
mâ-*choi-*re.	moi-*gnon.*	poi-*gnan-*te.	*quan-*tiè-me.	
quin	geoi	qu'un	gean	
*quin-*ze.	na-*geoi-*re.	quel-*qu'un.*	chan-*gean-*te.	

Vᵉ EXERCICE.

SONS SIMPLES SUIVIS D'UNE ARTICULATION SIMPLE.

ab	ap	ac	ad	al
ab-so-lu.	*ap*-te.	*ac*-tif.	*ad*-mi-ré.	*al*-cô-ve.
ar	ag	at	as	if
ar-du.	*ag*-nat.	*at*-mo-sphère.	*as*-pé-ri-té.	*if*.
ig	ir	il	is	ob
ig-né.	*Ir*-lan-de.	*il*.	*Is*-lan-de.	*ob*-jet.
oc	op	or	os	ur
oc-to-bre.	*op*-té.	*or*-dre.	*os*.	*ur*-ne.

VIᵉ EXERCICE.

SONS SIMPLES PRÉCÉDÉS ET SUIVIS D'UNE ARTICULATION.

bal	bac	bar	bas	ber
bal.	*bac*.	*bar*-que.	*bas*-cu-le.	*ber*-ge.
bec	bir	bis	bor	bol
bec.	su-*bir*.	*bis*-cuit.	*bor*-ne.	*bol*.
bos	bur	bul	bus	pac
bos-quet.	*bur*-les-que.	*bul*-be.	*bus*-te.	*pac*-te.
pal	par	pas	pel	per
pal-me.	*par*-don.	*pas*-to-ral.	*pel*-le.	*per*-te.

pes	**pir**	**pis**	**pol**	**por**
pes-te.	sou-*pir*.	*pis*-to-let.	*pol*-tron.	*por*-te.
pos	**pul**	**pur**	**cal**	**cap**
pos-te.	*pul*-pe.	*pur*-ge.	*cal*-me.	*cap*-tif.
car	**cep**	**cer**	**cir**	**col**
car-te.	ac-*cep*-ter.	*cer*-tain.	*cir*-cuit.	ré-*col*-te.
coq	**cor**	**cur**	**quel**	**ques**
coq.	*cor*-de.	*cur*-si-ve.	*quel*.	*ques*-tion.
gal	**gar**	**gel**	**ger**	**ges**
ré-*gal*.	*gar*-de	dé-*gel*.	*ger*-me.	*ges*-te.
gus	**gym**	**jar**	**jus**	**dar**
dé-*gus*-ter.	*gym*-na-se.	*jar*-din.	*jus*-te.	*dar*-der.
des	**det**	**dic**	**dir**	**dif**
des-po-te.	*det*-te.	*dic*-ter.	bon-*dir*.	tar-*dif*.
dor	**duc**	**dur**	**tac**	**tal**
dor-mir.	a-que-*duc*.	*dur*-cir.	*tac*-ti-que.	mé-*tal*.
tar	**tel**	**ter**	**til**	**tir**
tar-der.	au-*tel*.	*ter*-nir.	sub-*til*.	par-*tir*.
toc	**tor**	**fac**	**far**	**fer**
toc-sin.	*tor*-dre.	*fac*-tieux.	*far*-ce.	*fer*-mer.
fes	**fil**	**for**	**fur**	**fis**
fes-tin.	*fil*-tre.	*for*-ce.	*fur*-tif.	*fis*-cal.

ALPHABET.

val	vas	ver	ves	vel
che-*val*.	*vas*-te.	*ver*-tu.	*ves*-te.	nou-*vel*.
vic	vif	vil	vir	lac
vic-toi-re.	*vif*.	*vil*.	*vir*-gu-le.	*lac*.
lar	lec	les	lic	lir
lar-ge.	*lec*-tu-re.	*les*-te.	*lic*-teur.	po-*lir*.
ler	lor	res	rir	roc
a-*ler*-te.	*lor*-gnon.	*res*-te.	mou-*rir*.	*roc*.
rus	mal	mar	mer	mir
rus-ti-que.	a-ni-*mal*.	*mar*-ché.	*mer*-le.	dor-*mir*.
mor	mul	nal	nar	nif
mor-tel.	*mul*-ti-tu-de.	jour-*nal*.	*nar*-ci-sse.	ca-*nif*.
nir	nul	nel	sac	sal
jau-*nir*.	*nul*.	é-ter-*nel*.	*sac*.	*sal*-pêtre.
sar	sec	ser	soc	sol
sar-cler.	*sec*.	*ser*-pe.	*soc*.	*sol*.
sor	sub	suc	sur	zes
sor-tir.	*sub*-ve-nir.	*suc*.	*sur*-prise.	*zes*-te.
zig	zag	zur	char	chas
zig-*zag*.		a-*zur*.	*char*-bon.	*chas*-te.
chef	cher	phar	gnal	gnol
chef.	*cher*.	*phar*-ma-cie.	si-*gnal*.	Es-pa-*gnol*.

VIIe EXERCICE.

ARTICULATIONS DOUBLES
ÉQUIVALANT A UNE ARTICULATION SIMPLE.

bb   **pp**   **cc**   **gg**   **tt**   **ff**

a-*bb*é.   a-*pp*el.   a-*cc*a-blé.   a-*gg*ra-ver.   a-*tt*en-tif.   o-*ff*rir.

ll   **rr**   **mm**   **nn**   **ss**   **cq**

vi-*ll*a-ge.   ba-*rr*e.   ho-*mm*e.   bo-*nn*e.   a-*ss*u-ré.   a-*cq*ué-rir.

SC devant *e, i, y* :

*sc*è-ne ; *sc*i-er ; *Sc*y-the.

ARTICULATIONS DOUBLES
QUI SE PRONONCENT TOUTES DEUX.

bl   **br**   **pl**   **pr**   **cl**   **cr**

ta-*bl*e.   so-*br*e.   peu-*pl*e.   pro-*pr*e.   on-*cl*e.   en-*cr*e.

gl   **gr**   **tl**   **tr**   **fr**   **vr**

on-*gl*e.   ai-*gr*e.   a-*tl*as.   paî-*tr*e.   sou-*fr*e.   li-*vr*e.

sl   **sp**   **st**   **phr**   **sph**

*Sl*a-ve.   *sp*ec-tre.   *st*o-re.   cam-*phr*e.   *sph*è-re.

SC devant *a, o, u* :

*sc*an-der ; *sc*o-lai-re ; *sc*ulp-tu-re.

VIIIᵉ EXERCICE.

SONS SIMPLES PRÉCÉDÉS D'UNE ARTICULATION DOUBLE.

bla	ble	blé	blê	bli
sem-*bla*-*ble*.	*blé*.	*blé*-me	ou-*bli*.
blo	blu	bre	bré	bri
blo-quer.	*blu*-toir.	om-*bre*.	a-*bré*-ger.	*bri*-que.
bro	bru	bra	pla	plé
bro-der.	*bru*-tal.	*bra*-ve.	*pla*-ce.	dé-cu-*plé*.
pli	plo	plu	pra	pre
em-*pli*.	im-*plo*-rer.	*plu*-me.	*pra*-ti-que.	*pre*-mier.
pré	prê	pri	pro	pru
pré-voir.	*prê*-tre.	*pri*-è-re.	*pro*-blè-me.	*pru*-ne.
cla	cle	cli	clo	clu
cla-meur.	ob-sta-*cle*.	*cli*-mat.	*clo*-che.	con-*clu*.
clé	cra	cri	cro	cru
clé-ment.	*cra*-paud.	é-*cri*-ture.	*cro*-chet.	*cru*-che.
cré	gla	gli	glu	gle
cré-dit.	*gla*-ce.	*gli*-sser.	*glu*-ten.	san-*gle*.
glé	glo	gri	gru	gre
é-tran-*glé*.	*glo*-be.	*gri*-ve.	*gru*-ger.	mai-*gre*.

ALPHABET.

gré a-*gré*-a-ble. **gra** *gra*-ver. **grâ** *grâ*-ce. **grê** *grê*-le. **dra** *dra*-gée.

dro *dro*-gue. **dru** *dru*. **dre** fou-*dre*. **dré** pou-*dré*. **dri** a-tten-*dri*.

tre mon-*tre*. **trè** *trè*-fle. **tro** *tro*-phée. **tru** ven-*tru*. **tra** *tra*-me.

tri *tri*-co-ler. **fla** *fla*-con. **flè** *flè*-che. **flo** *Flo*-re. **fli** in-*fli*-ger.

flu *flu*-et. **frè** *frè*-re. **fro** *fro*-ma-ge. **fra** *fra*-cas. **fri** *fri*-mas.

fru *fru*-gal. **fre** sou-*fre*. **vré** re-cou-*vré*. **vra** ou-*vra*-ge. **vri** a-ppau-*vri*.

sco *sco*-laire. **sca** *sca*-pu-lai-re. **spo** *spo*-li-er. **spa** *spa*-tu-le. **spi** *spi*-ra-le.

spé *spé*-ci-al. **sto** *sto*-re. **sta** *sta*-tion. **sti** *sti*-mu-ler. **sté** *sté*-ri-le.

stu *stu*-dieux. **chla** *chla*-my-de. **chlo** *chlo*-re. **chré** *chré*-tien.

chri *Christ*. **chro** *chro*-me. **chry** *chry*-sa-li-de. **phra** *phra*-se.

phre cam-*phre*. **phry** *Phry*-gi-e. **phlé** *Phlé*-gé-thon. **phthi** *phthi*-sie.

ALPHABET.

SONS SIMPLES SUIVIS D'UNE ARTICULATION DOUBLE.

act **ars** **ect** **erf** **urc**
ex-*act*. m*ars*. co-rr*ect*. c*erf*. T*urc*.

usc **isc** **arc** **est** **ours**
b*usc*. f*isc*. *arc*. nord-*est*. *ours*.

SONS SIMPLES PRÉCÉDÉS D'UNE ARTICULATION TRIPLE.

scru **scri** **scro** **scrip**
scru-tin. *scri*-be. *scro*-fu-leux. in-*scrip*-tion.

stra **stro** **stru** **splen**
stra-ta-gème. *stro*-phe. *stru*-cture. *splen*-deur.

L'APOSTROPHE.

l'a-mi. l'u-nion. qu'il. qu'el-le. lors-qu'on.
le a-mi la u-nion. que il. que el-le. lors-que on.

c'est. j'ai-me. s'o-ccu-per. l'her-be.
ce est je ai-me. se o-ccu-per. la herbe.

PRINCIPAUX SIGNES DE LA PONCTUATION.

. , ; : ! ? ( ) « »
point. virgule. point deux point point parenthèses. guillemets
                et virgule. points. d'exclam. d'interrog.

LECTURE COURANTE.
(Les lettres en caractères italiques ne doivent pas se prononcer.)

MORALE ET RELIGION.

1ʳᵉ LEÇON.

MAXIMES TIRÉES DE LA BIBLE.

Sou-ve-nez-vou*s* de vo-tre Cré-a-teur pen-dan*t* les jour*s* de vo-tre jeu-nes-se, avan*t* que le tem*ps* de l'a-fflic-tion soit a-rri-vé.

Le Sei-gneur con-ser-ve ceu*x* qui on*t* le cœur droi*t*, et il pro-té-ge ceu*x* qui mar-che*nt* dan*s* la sim-pli-ci-té.

La crain-te du Sei-gneur est le co-mmen-ce-men*t* de la sa-ges-se.

Le sa-ge crain*t* le mal et s'en dé-tour-ne; l'in-sen-sé pa-sse ou-tre, et se croit en sû-re-té.

Le mé-chan*t* fui*t* sans ê-tre poursui-vi par per-so-nne; mais le jus-te est har-di co-mme un li-on, et ne craint rien.

Mon fils, ne re-je-tez point la cor-rec-tion du Sei-gneur, et ne tom-bez point dans l'a-ba-tte-ment lors-qu'il vous a châ-tié;

Car le Sei-gneur châ-tie ce-lui qu'il ai-me, et se com-plaît en lui co-mme un pè-re dans son fils.

2ᵉ LEÇON.

SUITE DES MAXIMES.

Un che-val in-domp-té de-vient in-trai-ta-ble, et l'en-fant a-ban-do-nné à sa vo-lon-té de-vient in-so-lent.

Le fils qui est sa-ge est la joie du pè-re; le fils in-sen-sé est la tris-tes-se de la mè-re.

Ce-lui qui hait la ré-pri-man-de mar-che sur les tra-ces du mé-chant.

L'in-sen-sé se mo-que de la correc-tion de son pè-re; mais ce-lui qui se rend au châ-ti-ment de-vien-dra plus sa-ge.

É-cou-tez, en-fants, les a-vis de vo-tre pè-re, et sui-vez-les, a-fin que vous so-yez sau-vés.

Ce-lui qui craint le Sei-gneur ho-no-re-ra son pè-re et sa mère, et il ser-vi-ra do-ci-le-ment ceux qui lui ont do-nné la vie.

Ce-lui qui ho-no-re son père trou-ve-ra sa joie dans ses en-fants, et il se-ra ex-au-cé au jour de sa pri-è-re.

La bé-né-dic-tion du pè-re a-ffer-mit la mai-son des en-fants, et la ma-lé-dic-tion de la mè-re la dé-truit jus-qu'aux fon-de-ments.

3ᵉ LEÇON.

SUITE DES MAXIMES.

Gar-dez la fi-dé-li-té à votre a-mi pen-dant qu'il est pau-vre, a-fin que vous vous ré-jou-i-ssiez a-vec lui dans son bon-heur.

Ne di-tes point à vo-tre a-mi : Al-lez, et re-ve-nez, je vous do-nne-rai de-main, si vous pou-vez lui do-nner sur-le-champ.

Il est bon que vous a-ssis-tiez le jus-te ; mais ne re-ti-rez pas non plus vo-tre main de ce-lui qui n'est pas jus-te : car ce-lui qui craint Dieu ne né-gli-ge rien.

Si vo-tre en-ne-mi a faim, do-nnez-lui à man-ger ; et s'il a soif, do-nnez-lui à boi-re ; le Sei-gneur vous le ren-dra.

Mon fils, ne pri-vez pas le pau-vre de son au-mô-ne, et ne dé-tour-nez pas vos yeux de lui.

Ne mé-pri-sez pas ce-lui qui a faim, et n'ai-gri-ssez pas le pau-vre dans son in-di-gence.

La pri-è-re du pau-vre s'é-lè-ve-ra de sa bou-che jus-qu'aux oreill-es de Dieu, et Dieu se hâ-te-ra de lui fai-re jus-ti-ce.

4ᵉ LEÇON.

SUITE DES MAXIMES.

Ne fu-yez pas les ou-vra-ges pé-ni-bles, ni le tra-vail de la cam-pa-gne, qui a é-té in-sti-tu-é par le Très-Haut.

Jus-qu'à quand dor-mi-rez-vous, pa-res-seux ? Quand vous é-veill-e-rez-vous ?

Vous dor-mi-rez un peu ; vous join-drez vos mains l'u-ne dans l'au-tre pour vous en-dor-mir ; et ce-pen-dant l'in-di-gen-ce vien-dra co-mme un ho-mme qui mar-che à grands pas, et la pau-vre-té, co-mme un ho-mme ar-mé, se sai-sira de vous.

Par-tout où l'on tra-vaill-e, là est l'a-bon-dan-ce ; mais, où l'on par-le beau-coup, l'in-di-gence se trou-ve sou-vent.

Le bien a-ma-ssé à la hâ-te di-mi-nue-ra ; ce-lui qui se re-cueill-e à la main et peu à peu, se mul-ti-plie-ra.

Peu, a-vec la crain-te de Dieu,

vau*t* mieu*x* que de gran*ds* tré-sor*s* qui ne ra-ssa-si*ent* poin*t*; peu, a-vec la jus-ti-ce, vau*t* mieu*x* que de gran*ds* biens a-vec l'i-ni-qui-té.

Le pau-vre qui se su-ffit à lui-mê-me vau*t* mieu*x* qu'un ho-mme glo-ri-eu*x* qui n'a point de pain.

5ᵉ LEÇON.

DIEU.

Dites-moi, mes chers enfants, qui nous ramène les fleurs du printemps et les fruits de l'automne? Qui ordonne au soleil d'éclairer nos travaux, de réchauffer nos membres, et de mûrir nos moissons; à la lune, de nous inviter au repos par le calme et la fraîcheur des nuits? Ce n'est pas vous, avec votre faiblesse, qui pourriez créer de tels prodiges; ni votre père, quoique plus grand et plus habile que vous; ni le roi le plus puissant du monde. Mais c'est le père de tous les hommes, le roi de l'univers. Dieu seul pouvait opérer ces merveilles de bonté et de sagesse. Aussi, tout reconnaît sa puissance : les peuples

les plus ignorants et les plus sauvages ont toujours adoré la présence de Dieu dans ses œuvres, dans le jour qui nous éclaire, dans l'air que nous respirons, dans le brin d'herbe que nous foulons sous nos pas; car Dieu est partout.

6ᵉ LEÇON.

DE LA PIÉTÉ.

Le pauvre bénit la main charitable qui lui donne le pain de l'aumône. Le malheureux aime ceux qui le consolent dans son affliction. Les animaux eux-mêmes, privés de raison, nous donnent l'exemple de la reconnaissance pour le maître qui les nourrit. Comment n'aimerions-nous pas Dieu de tout notre cœur? Car ce n'est pas pour nous un bienfaiteur ordinaire : il nous donne le pain de chaque jour; il prend pitié de notre douleur, exauce nos prières, et sèche nos larmes. Et, pour prix de ses bienfaits, il ne nous demande autre chose que de connaître et de pratiquer nos devoirs, c'est-à-dire d'assurer, par une conduite honnête et pure, notre bonheur pour toujours.

L'impiété serait donc tout à la fois de l'ingratitude et de la folie.

7ᵉ LEÇON.

DE LA CONSCIENCE.

Enfants, la première fois que vous avez commis une faute, désobéi à vos parents ou proféré un mensonge, avez-vous senti le rouge vous monter au visage? et, au dedans de vous-mêmes, n'avez-vous pas entendu une voix qui vous grondait tout bas?

C'est Dieu qui vous parlait dans votre conscience; respectez-donc toujours cette voix sainte. Elle nous dit à chaque instant du jour : « Sois bon et juste avec les autres, comme Dieu est juste et bon avec toi. »

Et, pour vous rendre votre tâche plus facile, il a placé autour de vous comme une autre conscience que vous pouvez aussi consulter avec fruit. Ce sont les bons exemples des honnêtes gens, les leçons salutaires de l'instituteur qui forme votre esprit, les conseils respectables du bon prêtre qui vous dirige, et surtout la tendresse éclairée d'un père et d'une mère qui doivent compte à Dieu de votre éducation et de votre conduite.

8ᵉ LEÇON.

BIENFAITS DU CHRISTIANISME.

Parmi les innombrables bienfaits du christianisme, on doit compter l'abolition de l'esclavage. Jésus est venu sauver le monde de cet excès d'opprobre et de misère, en proclamant l'égalité de tous les hommes, comme créés par le même Dieu et sauvés par le même Christ. Depuis ce temps, malheureusement, des peuples chrétiens ont rétabli l'esclavage dans l'Amérique et dans les îles du nouveau monde, en achetant des noirs d'Afrique comme des bêtes de somme, pour les faire travailler, à coups de fouet, soit à l'exploitation des mines d'or ou d'argent, soit à la culture du café, du cacao, de la canne à sucre. A l'heure même où vous lisez ces lignes, un grand nombre de ces malheureux gémissent encore dans l'esclavage; mais le principe de la liberté universelle a été posé par l'Évangile, il y a 1800 ans, et il s'est développé de siècle en siècle. Le temps approche où cet esclavage des noirs sera complétement aboli. Déjà des lois sévères punissent aujourd'hui dans plusieurs États les hommes cruels qui voudraient vendre ou acheter la liberté ou la vie de leurs semblables. Bientôt, il faut l'espérer, toutes les nations civilisées s'entendront pour mettre fin à ce trafic odieux.

GÉOGRAPHIE.

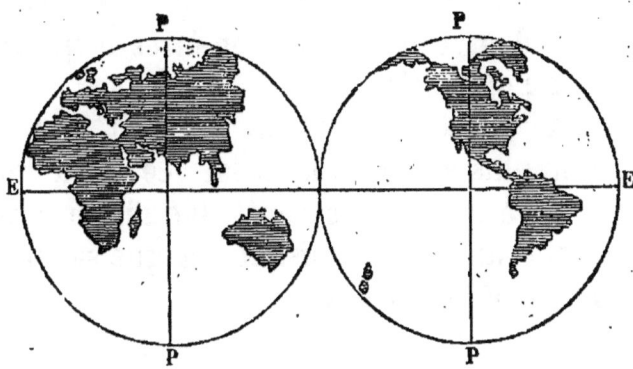

9ᵉ LEÇON.

LA TERRE, SA FORME, SA NATURE.

La terre est ronde; un voyageur qui ferait une lieue par heure et qui marcherait jour et nuit, emploierait trois cent soixante-quinze jours, c'est-à-dire un an et dix jours, pour en faire le tour.

Les voyageurs ne peuvent aller ainsi en ligne directe, parce que les chemins s'y refusent, et qu'il faut passer tantôt sur la terre et tantôt sur la mer. Mais le tour du monde a été fait dans toutes les directions, et l'on est sûr à présent que la terre tourne dans l'espace, comme une boule sur laquelle se promèneraient en tous sens des insectes presque imperceptibles.

Et de même qu'on verrait cette boule tourner en s'avançant, de même le globe de la terre tourne sur lui-même en un jour, tandis qu'en un an il achève son voyage ou sa révolution autour du soleil.

La terre est formée d'une masse solide, recouverte sur les trois quarts de sa surface par les eaux de la mer, et tout autour du globe se trouve une couche d'air d'environ six myriamètres d'épaisseur qu'on nomme *atmosphère*.

On a trouvé que la chaleur s'accroît à mesure qu'on creuse plus avant dans le sol; ce qui a donné lieu de croire à quelques savants que l'intérieur du globe est dans un état de fusion, et que sa surface n'est qu'une croûte refroidie.

10ᵉ LEÇON.

PÔLES, ÉQUATEUR, DEGRÉS, POINTS CARDINAUX.

Quoique la terre soit ronde en général, elle est un peu aplatie vers les deux extrémités ou *pôles* de l'axe autour duquel elle tourne. On imagine sur la surface terrestre de grands cercles qui viennent tous passer par les pôles : on les nomme *méridiens*. Un autre grand cercle les coupe à égale distance des deux pôles : c'est l'*équateur*. Des cercles plus petits, dirigés comme ce dernier, se nomment *parallèles*. Tous ces cercles, grands ou petits, se divisent en trois cent soixante degrés. Les degrés de longitude se comptent sur l'équateur et les parallèles; ceux de latitude, sur les méridiens.

Pour trouver aussi plus aisément la position des

GÉOGRAPHIE.

différents pays, on a distingué quatre points opposés deux à deux. On les appelle *points cardinaux*.

Le *levant*, *orient* ou *est*, est le point où le soleil se lève.

Le *couchant*, *occident* ou *ouest*, est celui où il se couche.

Le *sud* ou *midi*, celui où il se trouve à égale distance de son lever et de son coucher.

Le *nord* ou *septentrion*, opposé au sud.

Quand on regarde le soleil le matin, on a le levant devant soi, l'ouest par derrière, le nord à gauche et le midi à droite.

11ᵉ LEÇON.

CONTINENTS, MERS, ÎLES ET LACS.

Les *continents* sont les grandes portions de la surface solide de la terre. Une *île* est un espace de terre entouré d'eau de tous côtés. Une *mer* est une vaste étendue d'eau. Un *lac* est une grande étendue d'eau environnée par les terres.

Quand un espace de terre ne tient au continent que par une partie peu étendue, il s'appelle *presqu'île* ou *péninsule*, et la partie par laquelle il se trouve joint au continent se nomme *isthme*.

Le contour des terres se nomme les *côtes* ou le *littoral*. Lorsque ces côtes sont comme échancrées par les eaux de la mer, cette échancrure s'appelle un *golfe*. Lorsque, au contraire, la côte s'avance dans la mer, cette pointe de terre se nomme *cap*.

On distingue l'ancien continent qui comprend l'Europe, l'Asie et l'Afrique, et le nouveau continent qui comprend l'Amérique avec l'Océanie.

12ᵉ LEÇON.

SUITE DES CONTINENTS, MERS, ÎLES ET LACS.

L'ancien continent se divise en trois parties : l'*Europe*, l'*Asie* et l'*Afrique*.

Le nouveau monde comprend l'*Amérique* et un autre continent nommé la *Nouvelle-Hollande*, sans compter un grand nombre d'îles situées dans l'*Océan*. On appelle ainsi la vaste mer qui couvre la plus grande partie du globe.

Les plus grandes îles sont :

La *Grande-Bretagne* et l'*Irlande*, au couchant de l'Europe, habitées par le peuple anglais ; la *Sicile* et la *Sardaigne*, entre l'Europe et l'Afrique ; l'*Islande*, pays glacial, et *Terre-Neuve*, renommée par la pêche de la morue, au nord de l'Amérique ; *Madagascar*, au sud de l'Afrique ; le *Japon*, à l'est de l'Asie ; *Sumatra*, *Java*, *Bornéo* et la *Nouvelle-Guinée*, entre l'Asie et la Nouvelle-Hollande.

Le *Grand Océan*, ou *océan Pacifique*, est entre l'Asie, la Nouvelle-Hollande et l'Amérique ; l'*océan Indien*, entre l'Asie, la Nouvelle-Hollande et l'Afrique ; l'*océan Atlantique*, entre l'Europe, l'Afrique et l'Amérique.

Les grands lacs sont ceux de *Ladoga* et d'*Onéga*, dans la Russie d'Europe ; la mer *Caspienne*, en Asie ; le lac *Tchad*, en Afrique ; dans l'Amérique, les lacs *Ontario*, *Supérieur*, etc.

13ᵉ LEÇON.

MONTAGNES.

Les montagnes sont rarement isolées ; elles sont placées à la suite les unes des autres, et forment des *chaînes de montagnes.*

Les chaînes principales sont les *Alpes*, qui séparent l'Italie de la France et de l'Allemagne, les *Apennins*, en Italie ; les *Pyrénées*, entre la France et l'Espagne ; les *Carpathes*, entre la Pologne et la Hongrie ; les monts *Ourals*, qui séparent l'Europe de l'Asie ; le *Caucase*, entre la mer Noire et la mer Caspienne ; dans l'Asie centrale, les monts *Altaï*, entre la Sibérie et la Tartarie ; les monts *Kouen-Luns* et les monts *Thian-Chan;* les monts *Himâlaya*, au nord de l'Inde ; l'*Atlas*, au nord de l'Afrique ; enfin la *Cordillère des Andes*, qui traverse l'Amérique dans toute sa longueur.

Dans l'ancien monde, les grandes chaînes sont presque toutes dirigées du levant au couchant ; mais dans le nouveau monde elles vont du nord au sud.

Le mont Blanc, dans les Alpes, est la plus haute montagne de l'Europe ; elle s'élève à quatre mille huit cents mètres au-dessus de la mer. La plus haute montagne mesurée dans les Andes est le Sorata, de sept mille sept cents mètres. Dans l'Hymâlaya, on trouve des montagnes qui ont jusqu'à sept mille huit cent vingt mètres.

14ᵉ LEÇON.

GRANDS FLEUVES.

Du pied des montagnes coulent des sources qui,

en se réunissant, forment des *ruisseaux*. La réunion des ruisseaux forme les *rivières*. Si une rivière considérable porte ses eaux dans une mer, on la nomme *fleuve*.

En Europe, les fleuves les plus considérables sont le *Danube*, qui se rend dans la mer Noire, après avoir traversé l'Allemagne et la Hongrie ; et le *Volga*, qui traverse la Russie pour se jeter dans la mer Caspienne.

En Asie, il y a plusieurs grands fleuves. Les principaux sont : ceux qui coulent des monts Altaï dans la mer Glaciale ; le *fleuve Jaune* et le *fleuve Bleu*, qui arrosent la Chine ; le *Gange* et l'*Indus*, qui coulent de l'Himâlaya ; le *Tigre* et l'*Euphrate*, qui partent du Caucase, et se réunissent avant de se jeter dans le golfe Persique.

En Afrique, on remarque le *Nil*, qui sort des monts de la Lune et qui arrose l'Abyssinie, la Nubie et l'Égypte ; le *Niger*, dont l'embouchure, longtemps ignorée, est au golfe de Bénin ; le *Zaïre* ou *Congo*.

L'Amérique est remarquable par l'étendue des fleuves qui arrosent ses vastes plaines ; il y a, au nord, le *Saint-Laurent*, qui sort de l'extrémité nord-est du lac *Ontario*, et se jette dans le golfe appelé de son nom *golfe de Saint-Laurent ;* le *Mississipi*, qui se jette dans le *golfe du Mexique ;* au sud, l'*Orénoque*, qui traverse la Colombie ; l'*Amazone*, le plus grand fleuve du monde ; la *Plata*, dont la largeur est telle, à son embouchure, qu'elle ressemble plutôt à un bras de mer qu'à un fleuve. **Tous ces fleuves vont porter leurs eaux dans l'océan Atlantique.**

15ᵉ LEÇON.

L'EUROPE.

L'Europe est la partie du monde la plus civilisée. Là fleurissent les sciences, la littérature et les beaux-arts. Le sol, couvert de villes populeuses, est cultivé avec soin. On y trouve beaucoup de routes et de canaux. De nombreuses fabriques et manufactures ont enrichi les Européens. Le commerce leur a ouvert toutes les contrées du globe. Leurs armées sont les mieux disciplinées, les plus braves, et leurs vaisseaux naviguent sur toutes les mers.

Le climat est froid dans la partie nord de l'Europe, qui comprend la *Norwége*, la *Suède*, et une portion de la *Russie*. Tout au nord se trouvent les *Lapons* et les *Samoïèdes*, formant la race la plus petite du genre humain.

L'Europe se termine au sud par trois presqu'îles qui jouissent d'un climat très-agréable. La première comprend l'*Espagne* et le *Portugal*; la seconde, l'*Italie*; la troisième, la *Turquie* d'Europe et la *Grèce*.

L'Europe a un grand nombre de mines de fer; elle possède aussi de riches mines de plomb, de cuivre et d'étain, des houillères et des carrières de marbre. Les animaux féroces, tels que les ours et les loups, y sont rares. Ces derniers même ont été totalement détruits en Angleterre.

16ᵉ LEÇON.

L'ASIE.

L'Asie est quatre fois plus grande que l'Europe. Elle s'étend des environs du pôle jusqu'à l'équateur. Elle est divisée en plusieurs bandes par les chaînes de l'Altaï, du Kouen-Lun, du Thian-Chan et de l'Himâlaya. Au nord de l'Altaï se trouve la *Sibérie*, long désert que la neige et les glaces recouvrent pendant neuf ou dix mois de l'année ; entre ces deux chaînes de montagnes, la *Tartarie*, vaste plaine recouverte de sable et de pâturages, habitée par de nombreuses peuplades errantes ; enfin, au midi de l'Hymâlaya, les riches presqu'îles de l'*Inde ;* sur la droite, les déserts sablonneux de l'*Arabie*, et sur la gauche, l'antique et populeux empire de la *Chine*.

L'Asie nourrit des chameaux, des éléphants, des lions, des tigres et des serpents. Les dattes, l'encens et le café sont les produits de l'Arabie ; le cocotier, l'indigotier, la canne à sucre et le cannellier croissent dans l'Inde ; la Chine produit abondamment du riz et du thé. L'Asie méridionale fournit des pierres précieuses, et les perles sont pêchées dans les mers qui l'avoisinent.

Le genre humain est originaire de l'Asie. C'est là qu'ont existé les premières et les plus grandes monarchies. Mais depuis longtemps la civilisation y a fait bien moins de progrès qu'en Europe et en Amérique.

17ᵉ LEÇON.

L'AFRIQUE.

Quand on aborde en Afrique du côté de la Méditerranée, on gravit d'abord des collines assez fertiles situées au pied de l'Atlas, et, après avoir franchi cette haute chaîne de montagnes, on arrive dans l'immense désert de *Sahara*, qui a mille lieues de long sur deux ou trois cents lieues de large. C'est un plateau sablonneux, privé d'eau et de verdure, brûlé par une chaleur ardente. Au delà se trouvent les pays arrosés par le Niger : les voyageurs européens n'ont point encore pénétré plus avant dans l'intérieur de l'Afrique ; on ne connaît guère que les côtes de ce continent, qui est trois fois plus étendu que l'Europe.

L'Afrique renferme beaucoup d'animaux féroces, els que le lion, le tigre, l'hyène, le chacal. Ses fleuves nourrissent d'énormes crocodiles, et ses forêts recèlent le serpent boa. On y trouve encore l'éléphant, l'hippopotame, la girafe, le buffle, le chameau, et des oiseaux très-remarquables, tels que l'autruche et le perroquet.

18ᵉ LEÇON.

L'AMÉRIQUE.

Il y a environ trois siècles et demi que l'Amérique fut découverte par les Espagnols, sous la conduite d'un navigateur génois, nommé Christophe Colomb. A cette époque, il y avait en Amérique deux empires remarquables par leur civilisation : celui du *Mexique*, qui fut subjugué par Cortès, et celui du *Pérou* ou des Incas, dont la conquête fut faite par Pizarre. Les Espagnols prirent encore possession des pays qui forment aujourd'hui la *Colombie*, le *Chili* et le *Paraguay*. Les Portugais s'emparèrent des vastes contrées du *Brésil*. Les Anglais s'établirent aux *États-Unis*, qui depuis se sont rendus indépendants de l'Angleterre et ont formé une république, dont les principales villes sont *New-York*, *Boston*, *Philadelphie*. Les Français s'établirent dans le *Canada*.

Les anciens habitants de l'Amérique furent d'abord réduits au plus cruel esclavage; la barbarie et la cupidité des Espagnols n'en épargnèrent qu'un petit nombre; et il n'existe plus de peuplades indépendantes que dans les régions situées aux deux bouts de l'Amérique.

L'Amérique, et surtout le Pérou, est très-riche en mines d'or et d'argent. Les animaux y sont de petite taille. Le climat y est généralement plus froid qu'en Europe et en Afrique; il s'y trouve beaucoup de plaines marécageuses. Les pommes de terre ont été importées d'Amérique en Europe, et la culture de cette plante rend désormais impossibles les famines qui autrefois ont désolé l'Europe. La pâte sucrée composée avec le cacao, connue sous le nom de *chocolat*, et qui vient du Mexique, est un des plus précieux produits du nouveau continent.

19ᵉ LEÇON.

L'OCÉANIE.

L'Océanie comprend la *Nouvelle-Hollande* et toutes les *îles du Grand Océan*. La Nouvelle-Hollande est une île qui a la même étendue que l'Europe ; mais on en connaît à peine le contour, et l'intérieur de ce vaste pays n'a pas encore été exploré. A en juger par la population des côtes, l'Océanie ne renfermerait qu'un habitant sur quatre lieues de long et de large. Ces hommes sont les plus hideux que l'on connaisse. Errants dans les forêts, absolument nus, le corps et la figure barbouillés de couleurs, et *tatoués*, c'est-à-dire couverts de lignes tracées sur la peau au moyen de piqûres, leur seule occupation est de pourvoir à leur misérable existence, et d'assouvir leurs haines mutuelles par d'horribles massacres.

Les îles situées entre l'Asie et la Nouvelle-Hollande sont au pouvoir des Portugais, des Espagnols, des Anglais et des Hollandais. Les naturels du pays sont connus par leur perfidie et leur férocité.

On ne trouve des mœurs douces que parmi les habitants des petites îles placées entre la Nouvelle-Hollande et l'Amérique. Les Anglais ont introduit la religion chrétienne et les usages des Européens dans les îles *Sandwich* et *de la Société*.

20ᵉ LEÇON.

PAYS PRINCIPAUX.

Les pays principaux sont :

En *Europe* : le Portugal, l'Espagne, la France, la Suisse, l'Italie, la Belgique, la Hollande, l'Angleterre, l'Écosse, l'Irlande, la Norwége, la Suède, le Danemark, la Prusse, le Hanovre, la Bavière, le Wurtemberg, la Saxe, la Bohême, l'Autriche, la Hongrie, la Pologne, la Russie, la Turquie et la Grèce.

En *Asie* : l'Anatolie, la Syrie, l'Arabie, la Perse, les deux Indes, la Chine, le Japon, la grande Tartarie et la Sibérie.

En *Afrique* : l'Égypte, la Nubie, l'Abyssinie, l'Algérie, le Maroc, le Sénégal, la Guinée, le Congo, et un grand nombre de contrées inconnues.

Dans l'*Amérique du nord* : le Canada, les États-Unis, le Mexique, le Guatémala.

Dans les *Antilles* : l'empire d'Haïti, Cuba, qui appartient à l'Espagne, et la Jamaïque qui appartient aux Anglais.

Dans l'*Amérique du sud* : la Colombie, le Pérou, la Bolivie, le Chili, le Paraguay, Buénos-Ayres et le Brésil.

Ces pays forment des monarchies ou des républiques plus ou moins considérables; quelques-uns même n'ont aucune forme de gouvernement régulier.

Les pays voisins des pôles sont très-froids; les pays placés sous l'équateur sont très-chauds; les autres sont tempérés.

HISTOIRE NATURELLE.

21ᵉ LEÇON.

LE CORPS.

Cette vaste étendue qu'on appelle la terre, et dont nous venons de voir les principales divisions, est habitée par un nombre infini de créatures, dont l'homme est la plus parfaite. Tous ces êtres, doués de la vie, ont un corps à l'aide duquel ils sentent le plaisir ou la peine, et ils possèdent des facultés proportionnées à leurs besoins. L'homme seul a une âme faite à l'image de Dieu.

La structure et l'organisation du corps humain prouvent admirablement la prévoyance et la sagesse du Créateur.

A l'extérieur sont deux *yeux* pour voir les objets, deux *oreilles* pour entendre les sons, un *nez* pour sentir les odeurs, une *langue* pour goûter les aliments et pour parler.

La partie supérieure du corps, ou la *poitrine*, renferme :

Le *cœur*, qui fait circuler le sang dans toutes les parties du corps, à l'aide des *artères*, qui le portent jusqu'aux extrémités, et des *veines*, qui le ramènent sans cesse au cœur, pour recommencer perpétuellement le même travail, jusqu'à ce que la mort vienne arrêter ce mouvement ; les deux *poumons*, principaux organes de la *respiration* ; l'air, après y avoir séjourné deux ou trois secondes pour agir sur le sang, en sort par l'*expiration*.

La partie inférieure contient l'*estomac*, qui digère les aliments dont se nourrit l'homme pour entretenir sa vie ; le *foie*, qui sécrète la bile, et la *rate*, dont on ignore encore la fonction.

Les *os* composent la charpente du corps ; ils sont entourés de *muscles* qu'on appelle chair. Des *nerfs*, ainsi que des *veines* et des *artères*, parcourent toutes les parties du corps.

22ᵉ LEÇON.

L'AME.

Il y a quelque chose en nous qu'on ne peut ni voir ni toucher, et qui règle tous les mouvements du corps : ce quelque chose s'appelle *âme*.

C'est l'âme qui *sent*, *pense*, *raisonne*, *invente*, se *rappelle* les choses passées, et dont la *prévoyance* nous est souvent utile. C'est elle qui *veut* le bien et le mal, qui mérite récompense ou punition.

L'âme est immortelle. Elle acquiert des connaissances et se perfectionne par l'étude. On ne sait pas comment elle est unie au corps. Elle s'en sépare à la mort, qui arrive par suite de graves maladies, d'accidents violents, ou de vieillesse.

LES SENS.

L'homme et la plupart des animaux ont cinq sens, qui sont : la *vue*, l'*ouïe*, l'*odorat*, le *goût*, le *toucher*.

Plusieurs animaux ont des sens plus parfaits que les nôtres. Le chien a l'odorat beaucoup plus subtil ;

il sent les objets de bien plus loin que nous. Les oiseaux ont la vue plus perçante.

Malgré l'infériorité de ses sens, et quoiqu'il soit bien moins fort, bien moins agile que certains animaux, tels que l'éléphant, le cheval, le tigre, l'écureuil, etc., l'homme a, par l'intelligence et par la parole, une supériorité immense sur tous les animaux : il est le roi de la terre.

23ᵉ LEÇON.

LES ANIMAUX.

Le corps de beaucoup d'animaux présente les mêmes parties que le corps de l'homme, mais avec des formes différentes. Une sorte d'intelligence, qu'on appelle l'*instinct*, guide les animaux ; c'est par l'instinct qu'ils pourvoient à leurs besoins et à leur conservation.

Il y en a de bien des espèces : des animaux qui marchent ou rampent sur la *terre*, des oiseaux qui volent dans les *airs*, des poissons qui nagent dans les *eaux*. Il y en a de toutes les grandeurs, depuis la baleine, qui est mille fois plus grosse qu'un cheval, jusqu'aux animalcules qui vivent par milliers dans une goutte d'eau, et qu'on ne peut voir qu'avec un microscope, instrument qui les fait paraître plusieurs centaines, et même plusieurs milliers de fois plus gros qu'ils ne le sont réellement.

24ᵉ LEÇON.

LES ANIMAUX DOMESTIQUES.

Le *chien* est le fidèle ami et le gardien de l'homme ; le *cheval* partage les travaux du laboureur et du guerrier; le *chat* débarrasse le logis des souris et des rats.

L'*âne* et le *chameau* sont des bêtes de somme extrêmement laborieuses. Leur sobriété et leur patience augmentent encore leur utilité.

Le *coq*, par son chant matinal, réveille l'homme et l'invite à la vigilance et au travail.

Le *bœuf*, le *veau* et la *vache* nourrissent l'homme de leur chair; la vache lui donne encore son lait. La peau de ces animaux sert à faire des semelles et des empeignes pour les souliers. On fait des étoffes avec le poil de la *chèvre*; son lait et celui de l'*ânesse* sont très-salutaires.

Le *porc* fournit le lard, et une viande qui se conserve bien lorsqu'elle est salée; le *mouton* donne le suif pour les chandelles et la laine pour le drap : sa chair est très-nourrissante. Les *poules*, les *pigeons*, les *oies* et les *canards* fournissent des plumes, des œufs, et une chair délicate.

Parmi les animaux, les uns sont *carnivores*, c'est-à-dire qu'ils mangent de la chair d'autres animaux; les autres sont *frugivores*, c'est-à-dire qu'ils se nourrissent des productions de la terre, herbes, fruits, légumes. L'homme est à la fois *frugivore* et *carnivore*. Outre la chair des bêtes que nous venons de nommer et d'autres semblables, il mange encore des fruits et des légumes.

25ᵉ LEÇON.

LES PLANTES OU VÉGÉTAUX.

Le sol est presque partout recouvert d'une couche

de terre qu'on nomme *végétale*, parce qu'elle est propre à nourrir les plantes ou *végétaux*. La plupart des plantes sont attachées au sol par les *racines*, qui pompent les sucs de la terre et les transforment en *séve*. La séve, passant à travers la tige et les branches, donne la vie aux feuilles et aux *fleurs*. Les fleurs produisent ensuite les *fruits*, qui, mûris par le soleil, servent de nourriture à l'homme.

Dans l'intérieur des fruits est renfermée la *graine* ou semence, qui, placée dans la terre, reproduit des arbres et des plantes de même nature. Les plantes dont la tige se durcit et donne du bois, se nomment *arbres* ou *arbrisseaux*; celles dont la tige reste toujours verte, prennent le nom d'*herbes*.

La plupart des fruits ont une peau qui recouvre *une pulpe* ou espèce de chair, laquelle contient une ou plusieurs graines, qu'on nomme noyaux ou pepins. La pulpe est une sorte d'éponge dont les petites cavités ou *cellules* renferment des liqueurs acides ou sucrées. Les noyaux ou pepins sont formés d'une coque, qui contient une amande où se trouve le germe de la plante.

26ᵉ LEÇON.

LES PARTIES UTILES DES PLANTES.

Diverses parties des plantes sont employées comme aliments, ou fournissent des médicaments précieux.

Celles qui servent le plus utilement à la nourriture de l'homme sont les graines farineuses, le *blé*, le *seigle*, l'*orge*, le *maïs*, le *sarrasin*, les *pois*, les *haricots*; les tubercules charnus de la *pomme de terre;* les fruits pulpeux, tels que les *poires*, les *pommes*, les *prunes*, les *pêches*, les *cerises*, les *raisins*, les fruits de l'arbre à pain, les *cocos* des Indes, les *dattes* de l'Afrique, les *bananes*, les *ignames*, les *patates*, les *figues*, les *ananas;* les feuilles et les racines qu'on nomme légumes, comme l'*oseille*, le *chou*, la *laitue*, les *épinards*, les *carottes*, le *manioc*.

Le *sucre* s'extrait de la tige d'une espèce de roseau nommé *canne à sucre;* on le retire aussi des racines de la betterave. Les graines d'un arbre d'Arabie donnent le *café;* l'écorce d'une espèce de laurier fournit la *cannelle*. On prépare le chocolat avec les graines du *cacao*, et le thé avec les feuilles d'un arbuste de la Chine.

La racine de la rhubarbe fournit un médicament légèrement purgatif; l'écorce d'un arbre du Pérou donne la poudre de *quinquina*, qu'on emploie pour combattre la fièvre. On retire de cette poudre la *quinine*, qui en est le principe actif, et avec laquelle on fait le *sulfate de quinine*. Une petite dose de ce sulfate produit le même effet qu'un poids beaucoup plus considérable de quinquina.

27ᵉ LEÇON.

LIQUIDES NUTRITIFS.

Indépendamment des aliments *solides*, tels que la chair des animaux, les fruits et les légumes, l'homme a besoin des *liquides* pour sa nourriture, les uns produits par les végétaux, tels que le *vin*, l'*eau-de-vie*, le *rhum*, le *tafia*, l'*alcool* ou esprit-de-vin, les *huiles;*

les autres produits par les animaux, tels que le *lait* et les *œufs*.

Le *vin*, le *cidre* et la *bière* s'obtiennent, le premier, par la fermentation du raisin; le second, par la fermentation des pommes et des poires; la troisième, par celle de l'orge.

Lorsqu'on fait chauffer ou qu'on distille le vin, le cidre ou la bière, on en extrait l'*alcool*. L'eau-de-vie n'est que l'alcool mêlé d'eau.

En pressant les olives ou les noix, on en obtient de l'*huile* qui sert à la préparation de beaucoup d'aliments. Certaines graines, telles que le chènevis, le colza, la navette, nous donnent l'huile de lampe.

Le lait, première nourriture des animaux, nous donne la *crème*, le *beurre* et beaucoup de *fromages* de diverses qualités.

28ᵉ LEÇON.

LA TERRE.

La terre ne produit pas seulement pour l'homme des aliments abondants et variés; elle lui fournit encore des matériaux utiles pour se construire des abris, pour orner son habitation, pour se créer des ressources de tout genre.

Au-dessous de la terre végétale, qu'on laboure pour y semer des grains et récolter des plantes, se trouvent des *argiles*, des *sables*, de la *craie* ou des corps plus ou moins durs, qu'on nomme *pierres* ou *roches*. Ces pierres sont en couches placées les unes sur les autres; elles forment des rochers, des montagnes. Les pierres brisées et réduites en poudre produisent les différentes terres.

Les pierres servent à bâtir des maisons; les argiles, à faire des pots, des vases, des briques, des tuiles, qu'on fait durcir en les chauffant au feu ou au soleil. Lorsque l'argile est fine et blanche, on en fait de la porcelaine.

L'*ardoise* est un limon qui s'est durci dans le sein de la terre.

La pierre à chaux, la craie et le marbre sont de même espèce. Ils se changent en *chaux vive* par la cuisson. La chaux, mêlée à l'eau, se réduit en une pâte dans laquelle on met du sable pour faire le mortier.

Le gypse se cuit, et se gâche ensuite avec l'eau. On en fait des ornements et des figures moulées.

Le *plâtre* est du gypse mêlé avec un peu de pierre à chaux.

Les cailloux, le sable, la pierre à fusil et le grès sont de même espèce. En fondant par le feu du sable avec de la potasse, de la soude ou de la chaux, on obtient le *verre*. Le *cristal* se fait en fondant du sable avec du plomb et de la potasse.

29ᵉ LEÇON.

LES MÉTAUX.

Sans la découverte et l'emploi des métaux, l'homme serait resté dans l'état misérable où se trouvent encore quelques peuplades sauvages de l'Amérique et de la Nouvelle-Hollande. Le fer est, de tous les métaux, le plus utile à l'homme; par un bienfait de la nature, c'est celui qui se rencontre le plus fréquemment dans presque tous les pays. L'or et l'argent, comparativement au fer, ne seraient presque d'aucun prix, si l'on n'était convenu d'employer ces métaux comme signes représentatifs des richesses, et comme un moyen d'échange, en les convertissant en monnaie.

Les métaux se trouvent enfouis dans la terre, quelquefois purs, mais le plus souvent mêlés avec d'autres corps dont on parvient à les dégager par des procédés chimiques. Ordinairement ils sont loin d'offrir, avant le travail de l'homme, l'aspect sous lequel nous sommes accoutumés à les voir. Ainsi le minerai dont on retire le fer est le plus souvent une matière compacte, rougeâtre, facile à réduire en poudre.

L'*or*, l'*argent*, le *platine*, le *cuivre* et le *fer* s'étendent aisément en lames et en fils; l'*étain* et le *zinc* sont moins *ductiles*, c'est-à-dire qu'ils prennent moins aisément la forme qu'on veut leur donner; le *plomb* est très-mou; le *bismuth*, l'*antimoine* et l'*arsenic* sont cassants; le *mercure* ou vif-argent est liquide et susceptible de bouillir et même de se résoudre en vapeur; il faut un très-grand froid pour lui faire perdre sa fluidité et le rendre dur comme les autres métaux.

Le *platine* est très-difficile à fondre : c'est le plus pesant des métaux.

L'or est celui qui s'altère le moins à l'air. L'arsenic et le cuivre sont de violents poisons. C'est pour cette raison qu'il faut entretenir une couche d'étain dans les vases de cuivre employés à préparer des aliments. Le fer étamé s'appelle *fer-blanc*.

30ᵉ LEÇON.

LES ALLIAGES.

Les alliages sont formés de deux ou de plusieurs métaux fondus ensemble. On unit ainsi les métaux afin de durcir ceux qui sont trop mous, d'amollir ceux qui sont trop durs, ou de donner aux métaux, par diverses combinaisons, des qualités dont isolément ils sont privés.

C'est ainsi que, pour donner de la solidité aux ouvrages d'or et d'argent, on y mêle un peu de cuivre. Tous en contiennent plus ou moins. La marque ou le *titre* indique la quantité de cuivre qu'on y a mise.

Le cuivre forme le vingtième du poids des couverts et de la vaisselle d'argent. Dans les bijoux d'argent, le cuivre entre pour un cinquième.

Les vases et ornements d'or contiennent aussi du cuivre : sur un mille pesant, il peut y avoir soixante, quelquefois même cent soixante parties de cuivre.

Le *laiton* ou *cuivre jaune* se compose de trois parties de cuivre et d'une de zinc.

Le *bronze* des canons et des statues est formé de cent livres de cuivre sur onze livres d'étain ; le bronze des cloches, de soixante-dix-huit livres de cuivre fondues avec vingt-deux livres d'étain.

L'*étamage* des glaces se fait avec une mince feuille d'étain et du mercure.

PHYSIQUE.

31ᵉ LEÇON.

L'AIR.

L'homme aurait inutilement reçu les sens dont il est pourvu, si Dieu n'avait pas entouré la terre que nous habitons d'une couche d'*air* qu'on nomme *atmosphère*.

L'homme ni les animaux ne peuvent vivre sans respirer l'air; les plantes elles-mêmes ne pourraient s'en passer. Pour la bonne santé de l'homme et des animaux, l'air doit être exempt d'infection et d'une trop grande humidité.

Sans l'air nous ne pourrions faire du feu. Un corps enflammé s'éteint dès qu'il est privé d'air.

C'est par l'air que le son se propage avec rapidité. C'est l'air qui fait tourner les moulins à vent, qui pousse les vaisseaux, qui soutient les oiseaux et les cerfs-volants. C'est l'air qui forme la couleur bleue du firmament, et qui soutient les nuages où se forment la pluie, la neige, la grêle, et où brille l'éclair et gronde le tonnerre.

32ᵉ LEÇON.

VENT, TEMPÊTE, OURAGAN.

Le *vent* est l'air en mouvement. Plus ce mouvement est rapide, plus le vent est fort. Le vent ne devient sensible que lorsqu'il fait environ une lieue à l'heure, comme un homme qui marche. Le vent est *fort* lorsqu'il fait huit lieues à l'heure ; il est *très-fort*, lorsqu'il en fait seize ; il devient *tempête* lorsqu'il en fait vingt, et *ouragan* lorsqu'il fait de trente à quarante lieues par heure.

Dans sa plus grande violence, le vent renverse les édifices et déracine les arbres ; il lance les pierres avec la rapidité du boulet ; il produit sur la mer des vagues d'une hauteur énorme, qui engloutissent les vaisseaux ; il soulève les eaux et les pousse dans l'intérieur des terres, où elles occasionnent de désastreuses inondations.

Dans les parties du grand Océan qui avoisinent l'équateur, un vent modéré souffle constamment du levant au couchant : on l'appelle *vent alizé*. Dans les mers qui baignent les pays chauds, les vents soufflent six mois dans une direction, et six mois dans la direction opposée : ces vents se nomment *moussons*. Enfin, près du rivage, le vent, pendant le jour, vient de la mer, et pendant la nuit, il vient de la terre : le premier s'appelle *brise de mer*, et le second *brise de terre*. Les navigateurs profitent de tous ces vents pour se diriger dans leurs voyages.

33ᵉ LEÇON.

LES TROMBES.

C'est une chose très-extraordinaire qu'une *trombe*. On désigne ainsi un amas de vapeur, soit sur la terre, soit sur la mer. Elle a la forme d'une colonne qui descend des nuages en tournant sur elle-même avec une grande vitesse. Elle a quelquefois jusqu'à deux cents mètres de base. Quand elle a atteint, en descendant, la surface de l'eau, celle-ci se met à bouillonner et à se couvrir d'écume. L'eau paraît s'élever jusqu'aux nuages, et l'on entend une espèce de sifflement. Ensuite il pleut abondamment, et le tonnerre se fait entendre. Lorsque la trombe s'approche d'un vaisseau, on s'en préserve en la rompant à coups de canon chargé à boulet. Ces trombes ne sont pas rares entre les tropiques, près des côtes de Guinée.

Les trombes qui se forment sur terre font quelquefois les plus grands ravages. Il sort de leur intérieur des globes de feu ou de vapeurs soufrées qui font explosion. Au bruit que fait la trombe dans sa marche, se joint le sifflement des vents, qui alors se font sentir dans toutes les directions. La trombe arrache les branches des arbres, et les lance à droite et à gauche; elle déracine même les arbres les plus vigoureux; elle enlève les toits des maisons, et renverse les murailles. On a vu quelquefois des hommes et des animaux enlevés dans les airs, puis lancés au loin. Les tourbillons d'air qui soulèvent la poussière figurent de petites trombes.

34° LEÇON.

LE BAROMÈTRE.

L'air est pesant : le baromètre en fournit une preuve incontestable. On appelle ainsi un instrument le plus souvent composé d'un tube de verre long d'un peu moins d'un mètre, fermé en haut, ouvert en bas, qui plonge verticalement au fond d'une petite cuvette à moitié pleine de mercure, et dans lequel ce mercure s'élève jusqu'à la hauteur de 60 à 80 centimètres. Cet instrument est très-précieux; il sert à indiquer le beau et le mauvais temps. Une élévation progressive dans la colonne de mercure est un signe de beau temps; un abaissement graduel, au contraire, dans cette colonne, est un signe de pluie. Toutes ces variations se lisent sur une échelle gravée à côté de la colonne de mercure.

Il serait très-utile d'avoir dans chaque commune un baromètre exposé à tous les regards : les habitants pourraient le consulter pour prévoir les changements de l'atmosphère, comme ils consultent l'horloge de l'église pour connaître l'heure du jour.

On se sert aussi du baromètre pour mesurer les hauteurs ; la pression de l'atmosphère sur le mercure diminue à mesure qu'on s'élève plus haut.

35ᵉ LEÇON.

LES BALLONS.

Il existe un gaz qui est quatorze ou quinze fois moins pesant que l'air : c'est le gaz hydrogène. On l'obtient en versant de l'acide sulfurique dans un tonneau contenant de l'eau et du fer ou du zinc.

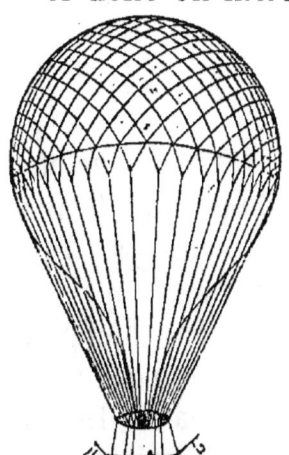
Si donc on introduit ce gaz dans une enveloppe légère, faite de toile gommée, on voit cet appareil ou ballon s'élever dans les airs.

C'est ainsi que le liége, mis au fond de l'eau, remonte à sa surface, parce qu'il est plus léger que l'eau.

Plus la dimension des ballons est grande, plus le poids qu'ils peuvent soulever dans l'air est considérable.

Les ballons sont recouverts d'un filet; à l'extrémité des cordes dont ce filet se compose, on attache la nacelle destinée à recevoir le voyageur, qu'on appelle *aéronaute*.

En 1804, un Français, M. Gay-Lussac, s'est élevé en ballon jusqu'à sept mille mètres au-dessus de la terre (plus d'une lieue et demie). Là, il a ressenti le froid de l'hiver le plus rigoureux, bien qu'on fût à l'époque des plus grandes chaleurs.

A la bataille de Fleurus, les Français, pour connaître les mouvements de l'armée autrichienne, firent monter dans un ballon quelques officiers, qui, au moyen de signaux, faisaient connaître tout ce qui se passait chez l'ennemi.

Peut-être un jour parviendra-t-on à diriger les ballons dans l'air, où jusqu'ici ils ont été poussés au gré des vents.

Pour l'amusement des enfants, on fait des ballons de petite dimension en papier huilé ou en baudruche, et on les retient au moyen d'une ficelle.

36ᵉ LEÇON.

LE THERMOMÈTRE.

La température de l'air, ou son degré de chaleur, est très-variable. Il est important de pouvoir la mesurer, ainsi que celle de tous les autres corps. On y parvient aisément au moyen du thermomètre.

Le *thermomètre* consiste en une boule de verre, surmontée d'un tube très-fin qui porte des divisions. Cette boule et une partie du tube sont pleines de mercure ou d'esprit-de-vin.

Quand le thermomètre est mis dans la neige fondante, le liquide s'abaisse dans le tube jusqu'au point marqué 0, c'est-à-dire *zéro*. Si le thermomètre est ensuite porté dans l'eau bouillante, la colonne liquide monte jusqu'à un autre point marqué 100; il y a donc cent *degrés* de chaleur ou de température, depuis la glace qui fond jusqu'à l'eau qui bout. Ce thermomètre s'appelle thermomètre *centigrade*.

Si l'on observe un thermomètre placé en dehors d'une fenêtre, on le voit ordinairement monter depuis le matin jusque vers deux heures de l'après-midi, parce que l'air s'échauffe; et il baisse ensuite pendant le soir et toute la nuit, parce que l'air se refroidit. Le thermomètre se tient beaucoup plus haut en été qu'en hiver.

Pendant l'hiver, il faut échauffer les chambres habitées de manière que le thermomètre s'y tienne à douze ou quinze degrés.

La température des caves reste toujours la même, à très-peu de variations près. Aussi paraissent-elles froides en été, comparées à l'état de l'atmosphère au dehors; et chaudes, au contraire, en hiver, par la même raison.

37ᵉ LEÇON.

PIERRES TOMBÉES DU CIEL.

Les anciens avaient vu quelquefois des pierres tomber du ciel, et ils les considéraient comme détachées de la voûte céleste. Les savants ont nié pendant longtemps l'existence de ces pierres extraordinaires; mais enfin ils ont dû céder à l'évidence, et ils ont eu souvent occasion de vérifier la réalité de ce qu'ils prenaient pour un préjugé populaire.

Les pierres qui tombent du ciel s'appellent *aérolithes*. Au moment de leur apparition, on voit dans l'air un globe de feu qui marche avec rapidité, et qui quelquefois répand une vive lueur. Quelques instants après, on entend une détonation violente, suivie d'un roulement que l'on a comparé à celui d'une voiture pesante courant sur le pavé. Il tombe alors une ou plusieurs pierres. Au moment de leur chute, elles sont chaudes et répandent une odeur de soufre. Après les avoir retirées de la terre, où elles s'enfoncent plus ou moins, on reconnaît qu'elles ont la couleur grise de la fonte de fer à l'intérieur, et qu'à l'extérieur elles offrent une mince couche noire, qui prouve qu'elles ont été fondues ou *mises en fusion* par une action semblable à celle qu'aurait pu produire le feu.

Quelquefois il tombe des poussières qui, mêlées à l'eau des nuages, ont fait croire à l'existence de pluies de *feu* et de *sang*.

38ᵉ LEÇON.

LA LUMIÈRE.

La *lumière* nous vient du soleil pendant le jour, de la lune et des étoiles pendant la nuit.

On s'en procure d'artificielle par la combustion de l'huile, du suif, de la cire ou du gaz.

Les images des objets ne s'aperçoivent dans les miroirs que parce que ceux-ci renvoient à nos yeux une partie de la lumière qui leur vient des objets eux-mêmes.

Il y a en Amérique des insectes qui portent sur la tête une espèce de lanterne lumineuse qui brille naturellement, comme en Europe les *vers luisants*. Le bois pourri et le phosphore répandent une faible *lueur* pendant la nuit, de même que certaines pierres qui ont été exposées au soleil. En frottant deux morceaux de sucre dans l'obscurité, ou en en cassant un seul morceau, on aperçoit une lueur.

Diverses parties du corps des animaux contiennent du phosphore. Si un animal est enfoui dans une terre humide ou au fond d'un marais, il peut arriver que le phosphore que son corps contient s'en dégage, uni au *gaz* hydrogène. Ce gaz s'enflamme de lui-même aussitôt qu'il arrive dans l'air. Telle est l'origine des *feux follets*, qu'on aperçoit la nuit dans les terrains marécageux et dans les cimetières.

Quand la lumière du soleil levant ou du soleil

couchant vient à éclairer les gouttes de pluie qui tombent de l'atmosphère, en passant à travers ces gouttes, elle en sort diversement colorée, et forme un *arc-en-ciel*. Deux arcs-en-ciel apparaissent ordinairement ensemble. Le plus petit est plus étroit, mais plus brillant que le grand. Ce petit arc est rouge en dedans et violet en dehors, tandis que le grand arc est rouge en dehors et violet en dedans. On voit souvent, au milieu des gouttes que forme un jet d'eau, se reproduire le phénomène de l'arc-en-ciel.

Quelquefois le soleil et la lune sont entourés de deux ou trois petits cercles colorés qu'on appelle *couronnes*, et qui apparaissent lorsque le ciel est couvert d'un léger voile nuageux.

39ᵉ LEÇON.

LE FEU.

Le *feu* n'est guère moins utile que l'eau et l'air. Sans le feu, l'homme ne pourrait exister dans les pays très-froids, tels que la Sibérie, une grande partie de la Russie et de l'Amérique septentrionale; il vivrait même avec peine dans les climats tempérés, puisqu'il ne pourrait ni cuire ses aliments, ni forger les métaux, etc. Le feu n'existe naturellement que dans les volcans en éruption, ou dans les corps enflammés par la foudre, ou dans ceux que la fermentation finit par embraser. Aucun animal ne sait produire du feu pour ses besoins.

L'homme seul a pu inventer les moyens de s'en pourvoir. On n'a jamais trouvé aucune société d'hommes, quelque barbare qu'elle fût, qui ne connût le feu et ne sût s'en procurer. Les sauvages allument du feu en frottant rapidement deux morceaux de bois l'un contre l'autre. Si l'on frappe vivement un caillou avec de l'acier, les parcelles d'acier qui se détachent brûlent dans l'air et enflamment l'amadou sur lequel on les reçoit.

Les vastes forêts qui couvrent la surface de la terre suffiront longtemps à nos besoins ; et la nature nous conserve dans son sein d'immenses provisions de charbon de terre, que l'on commence partout à exploiter avec succès. Ces mines de charbon de terre sont le produit d'antiques forêts et de débris de végétaux que les révolutions du globe ont enfouis dans la terre.

Le feu cause souvent les plus cruels désastres dans les fermes et dans les maisons, si l'on ne prend pas continuellement les plus grandes précautions pour s'en préserver.

40ᵉ LEÇON.

LES VOLCANS.

Aucun des phénomènes qui se passent à la surface du globe n'est plus majestueux ni plus terrible qu'une éruption *volcanique*. Qu'on se figure une montagne vomissant des flammes, des tourbillons de fumée, de cendre et de poussière, lançant des pierres et des rochers énormes à des distances prodigieuses, au milieu de détonations souterraines, des coups redoublés de la foudre et d'un torrent de pluie; et, durant ces affreux phénomènes, la montagne ébranlée jusqu'à sa base, ses flancs entr'ouverts donnant passage à la *lave* ou matière en feu, qui parfois coule jusque dans la mer, dont elle fait bouillonner les flots : tel est un *volcan.*

Il existe en Europe trois volcans : l'*Etna* en Sicile, le *Vésuve* près de Naples, et l'*Hécla* en Islande. L'Asie en renferme un plus grand nombre ; mais c'est l'Amérique qui en contient le plus, surtout dans le Guatemala et dans les Andes. Il y a beaucoup de montagnes qui ont brûlé dans les premiers âges du monde, et qui aujourd'hui sont complétement éteintes, c'est-à-dire qu'elles ne jettent plus ni flammes ni fumée, et sont cultivées par les hommes. De temps en temps on voit se former de nouveaux volcans : ainsi le Vésuve fit sa première éruption 79 ans après Jésus-Christ, et ensevelit sous la cendre la ville de Pompéi, et sous la lave celle d'Herculanum. Il y a peu d'années, une île s'est formée tout à coup dans la Méditerranée par l'éruption d'un volcan *sous-marin ;* depuis elle a disparu. Ces phénomènes sont souvent accompagnés de tremblements de terre.

41ᵉ LEÇON.

TREMBLEMENTS DE TERRE.

Quelquefois le sol sur lequel nous marchons s'agite, il tremble, il se fend ; des montagnes s'écroulent, des terrains s'élèvent ou s'affaissent ; des rivières sortent de leur lit, et la mer se précipite dans l'intérieur des terres ; et, au milieu de ce bouleversement, les maisons s'écroulent sur leurs habitants.

Mais ordinairement ces secousses ne sont pas aussi violentes; elles ne durent que quelques instants. Dans ce cas, une grande étendue de pays est agitée comme une barque sur l'eau; les cloisons des appartements craquent, les meubles se déplacent ou sont renversés.

On ne sait pas encore pourquoi la terre éprouve ces tremblements. Ce n'est pas la terre entière qui s'ébranle, mais seulement une portion de sa surface. C'est un affaissement ou un soulèvement du sol.

De toutes les contrées du globe, il n'y en a pas de plus souvent ravagée par les tremblements de terre que l'Amérique du Sud, principalement dans le voisinage des *Andes*. Souvent des villes entières y ont été détruites de fond en comble. Le 7 mai 1842, Haïti a éprouvé un terrible tremblement de terre : dans plusieurs villes, les populations furent ensevelies sous les décombres des maisons ; au Cap, les deux tiers des habitants périrent dans cette épouvantable catastrophe.

42ᵉ LEÇON.

L'EAU.

L'*eau* tombe de l'air sous forme de pluie; elle passe à travers les fentes des rochers; elle sort des montagnes en sources plus ou moins abondantes; elle coule en ruisseaux à la surface du sol; ces ruisseaux se joignent et produisent les rivières et les fleuves, qui vont se jeter dans la mer. La *mer* est très-étendue, et si profonde qu'en beaucoup d'endroits on n'en peut trouver le fond. L'eau en est salée : on ne peut la boire. Exposée au soleil, elle s'évapore et laisse un dépôt, le *sel*, qui sert à assaisonner nos aliments.

L'eau pure est la plus saine de toutes les boissons; elle est nécessaire à tous les animaux. Lorsqu'elle est trouble, on la clarifie en la filtrant à travers des morceaux de charbon, du sable ou certaines pierres poreuses. Elle contient de l'air, que les poissons respirent.

Le froid fait *geler* l'eau, et la chaleur la transforme en *vapeur*.

43ᵉ LEÇON.

VAPEUR, ROSÉE, BROUILLARD, NUAGES, PLUIE, NEIGE ET GRÊLE.

L'eau qui se trouve dans un vase ouvert disparaît peu à peu. L'eau que contiennent les corps humides, l'eau des rivières et des mers, se dissipe aussi et devient invisible. Elle se transforme en *vapeur*.

Quand le temps se refroidit beaucoup, vers la fin des nuits d'été, la vapeur contenue dans l'air se dépose en gouttes à la surface des plantes et forme la *rosée*.

Lorsqu'après un temps froid il vient à souffler un vent chaud, la vapeur que ce vent entraîne se dépose contre les murailles froides, et l'on dit, mais à tort, que ces murailles *suent*.

Le *brouillard* est encore la vapeur de l'air qui se forme en petites gouttes d'eau.

Les *nuages* ont aussi la même origine. Ils se soutiennent dans l'air tant que les gouttes sont très-petites; mais, en grossissant, ces gouttes finissent par tomber en forme de *pluie*.

Quand ces gouttelettes se gèlent par le froid, elles tombent en *flocons de neige*.

Enfin, si une grosse goutte se gèle, elle devient un *grêlon*. La grêle, en tombant, ravage les champs et détruit les moissons; car les grêlons, ordinairement de la grosseur d'une noisette, sont pourtant quelquefois gros comme des noix.

44ᵉ LEÇON.

LES PARATONNERRES.

Dans les temps d'orage, on voit souvent des nuages s'amonceler, et, au moment où ils s'approchent, des éclairs brillent et le tonnerre gronde. Cet effet est produit par l'électricité qui passe d'un nuage dans l'autre, ou qui communique avec le sol.

L'électricité existe dans tous les corps. Si l'on approche d'un bâton de cire à cacheter qu'on a frotté quelque temps, des corps légers, tels que des parties de barbe de plume ou de petits morceaux de papier, ils vont d'eux-mêmes s'appliquer contre le bâton de cire à cacheter. C'est de l'*électricité*. Franklin a fait voir que la foudre est de l'électricité qui tombe des nuages sur la terre. Pour le prouver, il lança dans les airs un cerf-volant pendant un jour d'orage ; alors il vit de petites étincelles se produire à l'extrémité de la ficelle qui retenait ce cerf-volant. Depuis, au lieu de ces étincelles, on a obtenu de grandes flammes imitant l'éclair et partant avec un bruit semblable à celui de la foudre.

Les accidents produits par la chute du tonnerre sont presque toujours déplorables.

Rien n'est cependant plus facile que de s'en préserver. Ils n'ont jamais lieu dans les endroits où l'on a soin de placer des paratonnerres.

Les *paratonnerres* sont de longues barres de fer qu'on dresse ordinairement sur les toits, et auxquelles on attache une tige ou corde de fer, qui vient s'enfoncer dans le sol ou dans un puits. Lorsque le tonnerre tombe, il frappe le paratonnerre, et il suit la corde de fer en épargnant les lieux voisins. On a aussi placé quelquefois des paratonnerres dans les champs.

Ordinairement le tonnerre frappe les lieux et les objets élevés. Pendant un orage, il ne faut donc pas se mettre sous les arbres. Il ne faut pas, non plus, sonner les cloches : cela ne sert qu'à exposer le sonneur aux coups de la foudre, qui tombera de préférence sur le clocher.

ASTRONOMIE.

45ᵉ LEÇON.

La science qui s'occupe de la connaissance des astres s'appelle *astronomie*. Il ne faut pas confondre l'*astronome* avec l'*astrologue*; le premier est un savant, le second est un imposteur.

Les *astres*, ces points lumineux qu'on voit dans le ciel, sont des corps presque tous beaucoup plus gros que la terre, mais qui, par leur extrême éloignement, échappent presqu'à notre vue.

Le plus brillant est le *soleil*.

La *lune* paraît aussi grande que le soleil, mais elle répand bien moins de lumière, parce qu'elle réfléchit seulement celle qui lui vient du soleil.

Parmi les astres, on en distingue dix qui éprouvent un déplacement considérable. Ce sont les *planètes*. La terre aussi est une planète.

Toutes les *planètes* reçoivent du soleil la lumière dont elles brillent.

Les *étoiles* n'apparaissent que comme de petits points brillants. Il y en a une infinité.

Les étoiles sont autant de soleils que leur éloignement fait paraître très-petits. Elles paraissent immobiles.

Quoique la lumière parcouré soixante-dix mille lieues par seconde, cependant on présume que celle qui vient des étoiles qu'on suppose les plus voisines de la terre met au delà de trois ans à nous arriver.

Il y a une bande lumineuse et blanchâtre qui fait tout le tour du ciel; elle se nomme *voie lactée*, ce qui veut dire *chemin de lait*. Elle résulte sans doute d'une multitude d'étoiles.

On voit aussi çà et là dans le ciel des taches blanches qu'on appelle *nébuleuses*.

De temps en temps on voit apparaître dans le ciel des astres accompagnés d'une queue plus ou moins longue : ce sont les *comètes*, qui n'effrayent

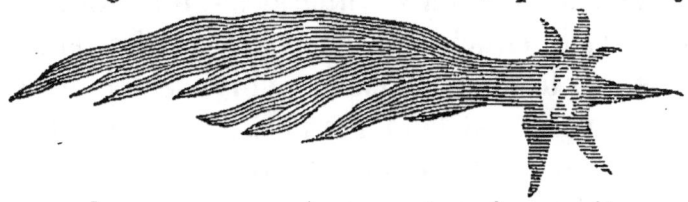

plus que les personnes ignorantes. On croit que les comètes reçoivent leur lumière du soleil.

46ᵉ LEÇON.

LE SOLEIL.

Le *soleil* paraît tourner chaque jour autour de la terre; mais c'est réellement la terre qui tourne.

Outre son mouvement de chaque jour, le soleil semble marcher du côté du levant, et faire ainsi le tour du monde en un an; mais c'est encore la terre qui tourne réellement.

Enfin, on voit le soleil faire un tour sur lui-même en vingt-cinq jours et demi; il nous présente alors ses diverses faces.

Le soleil est à plus de trente-quatre millions de lieues de la terre. Il est treize cent mille fois plus gros que notre globe.

La lumière qui nous vient du soleil emploie 8 minutes 13 secondes à franchir cette distance de 34 millions de lieues, ce qui fait 70 mille lieues par seconde. Le mouvement de la lumière est dix mille fois plus rapide que celui de la terre autour du soleil.

47ᵉ LEÇON.

LA LUNE.

La *lune* se lève et se couche tous les jours comme le soleil; mais son lever et son coucher se trouvent retardés chaque jour de quarante-huit minutes sur le lever et le coucher de la veille, et c'est ainsi que la lune fait le tour du ciel en vingt-sept jours et un tiers, et revient à la même position à l'égard du soleil en vingt-neuf jours et demi.

Cette fois, c'est bien la lune qui tourne autour de la terre. La lumière qu'elle nous envoie lui vient du soleil. Elle nous présente toujours la même face, qui est couverte de taches permanentes. Jamais on n'a vu ni on ne verra l'autre côté de cet astre.

Lorsque la lune se trouve entre le soleil et la terre, nous ne pouvons la distinguer, parce que la partie qu'elle tourne vers la terre, n'étant pas éclairée par le soleil, reste dans l'ombre : c'est alors ce qu'on appelle la *nouvelle lune*. Bientôt elle s'éloigne de cette position, et, le huitième jour, on la voit sous la forme d'un demi-cercle, parce que la moitié de la partie éclairée par le soleil est tournée vers la terre : c'est le *premier quartier*. Le quinzième jour, toute la partie de la lune éclairée par le soleil fait face à la terre, on la voit toute ronde : c'est la *pleine lune*. Enfin, le vingt-deuxième jour, elle ne présente plus encore que la moitié de sa partie éclairée, et reparaît sous la forme d'un demi-cercle ou *croissant* : c'est le *dernier quartier*.

Dans le premier quartier, les extrémités du croissant sont tournées vers l'est; dans le second quartier, elles sont tournées vers l'ouest.

La lune est à quatre-vingt-six mille lieues de la terre; elle est quarante-neuf fois plus petite. On y observe des vallons et des montagnes, comme sur notre globe; mais il paraît qu'elle n'a point d'atmosphère : d'où l'on doit conjecturer qu'elle n'est point habitée par des êtres organisés comme nous, et qui ne pourraient vivre sans air.

48ᵉ LEÇON.

LES ÉCLIPSES.

Nous avons vu que la lune revient chaque mois près du soleil. Lorsqu'elle passe tout à fait devant cet astre, elle nous le cache en tout ou en partie, ce qui produit une *éclipse de soleil* totale ou partielle. L'obscurité qui en résulte a toujours épouvanté les peuples ignorants; mais les nations instruites envisagent ce phénomène comme très-naturel et sans aucun danger pour la terre; les astronomes peuvent le prédire longtemps d'avance sans se tromper d'une seconde.

Lorsque la terre est placée entre le soleil et la lune, celle-ci se trouve privée de lumière, et l'on dit alors qu'il y a *éclipse de lune*.

Il est très-rare que le soleil soit entièrement éclipsé par la lune; au contraire, les éclipses de lune sont souvent totales.

NOTIONS DIVERSES.

49ᵉ LEÇON.

LES CHIFFRES ARABES.

Un 1, deux 2, trois 3, quatre 4, cinq 5, six 6, sept 7, huit 8, neuf 9, dix 10, onze 11, douze 12, treize 13, quatorze 14, quinze 15, seize 16, dix-sept 17, dix-huit 18, dix-neuf 19, vingt 20, vingt et un 21, vingt-deux 22, vingt-trois 23, vingt-quatre 24, vingt-cinq 25, vingt-six 26, vingt-sept 27, vingt-huit 28, vingt-neuf 29, etc.

Un demi $\frac{1}{2}$, un tiers $\frac{1}{3}$, deux tiers $\frac{2}{3}$, un quart $\frac{1}{4}$, trois quarts $\frac{3}{4}$, s'appellent des fractions de l'unité.

50ᵉ LEÇON.

LES CHIFFRES ROMAINS.

La lettre I représente *un*,
La lettre V représente *cinq*,
La lettre X représente *dix*,
La lettre L représente *cinquante*,
La lettre C représente *cent*,
La lettre D représente *cinq cents*,
La lettre M représente *mille*.

Ainsi on écrit :

Un I, deux II, trois III, quatre IV, cinq V, six VI, sept VII, huit VIII, neuf IX, dix X, onze XI, douze XII, treize XIII, quatorze XIV, quinze XV, seize XVI, dix-sept XVII, dix-huit XVIII, dix-neuf XIX, vingt XX, vingt et un XXI, etc.

Mil huit cent trente-trois MDCCCXXXIII.

La même lettre ne se met pas quatre fois de suite. Alors on écrit :

IV pour *quatre*, au lieu de IIII,
IX pour *neuf*, au lieu de VIIII,
XIV pour *quatorze*, au lieu de XIIII,
XIX pour *dix-neuf*, au lieu de XVIIII,
XL pour *quarante*, au lieu de XXXX,
XC pour *quatre-vingt-dix*, au lieu de LXXXX,
CD pour *quatre cents*, au lieu de CCCC,
CM pour *neuf cents*, au lieu de DCCCC.

51ᵉ LEÇON.

LES LIGNES.

On trace les *lignes droites* avec une règle. Si l'on plie une feuille de papier en deux, le pli forme une ligne droite.

Deux lignes droites qui se rencontrent forment un *angle*. On trace les angles droits avec une équerre..

Quand on plie avec soin une feuille de papier en quatre, les deux plis forment un angle droit, qui peut servir d'équerre.

Il faut trois lignes droites pour faire un triangle...

Un *carré* est composé de quatre lignes droites égales, formant quatre angles droits......

Un *rectangle* a 2 grands côtés et 2 petits, et les 4 angles droits....................

On trace les *cercles* avec le compas. Le contour s'appelle *circonférence*. Le milieu s'appelle *centre*. Un *rayon* va droit du centre à la circonférence. Un *diamètre* se compose de deux rayons en ligne droite..

L'*ovale* est un cercle allongé, que les jardiniers tracent avec une corde attachée par ses bouts à deux piquets..........................

52ᵉ LEÇON.

LES SURFACES ET LES VOLUMES.

Une surface bien unie, comme celle de l'eau tranquille, s'appelle *plan*.

La surface de l'eau est *horizontale*............ —

Un fil à plomb est *vertical*................. |

La *longueur* et la *largeur* d'une maison sont horizontales, et sa *hauteur* est verticale.

Pour qu'une surface soit plane, il faut qu'on puisse y appliquer une règle partout et exactement.

Un corps formé par six faces carrées comme un dé à jouer, s'appelle *cube*...............

Un corps qui va en pointe, comme le toit d'un clocher carré, s'appelle *pyramide*. Les fameuses pyramides d'Egypte ont quatre faces triangulaires, sans compter le carré qui sert de base....

Un corps qui est rond et en pointe, comme un cornet ou un pain de sucre, s'appelle *cône*.....

Un *cylindre* est un corps long et rond, comme un rouleau de papier, ou comme un tonneau.

Une *sphère* est un corps rond en tous sens comme une boule........................

A l'aide de ces connaissances, l'homme a pu régler l'emploi de son temps par les divisions exactes de la durée; il a pu établir des mesures, des poids, des monnaies uniformes pour la commodité des échanges et du commerce; enfin il a pu augmenter sa force par l'usage des machines.

NOTIONS DIVERSES.

53ᵉ LEÇON.

MACHINES SIMPLES.

Il est rare que l'homme n'appelle pas d'autres forces au secours des siennes.

Les forces qu'on met à profit dans les arts sont celles de l'homme et des animaux, le poids des corps, le courant des eaux, le vent, la vapeur d'eau.

On a reconnu que pour certains travaux, la force d'un cheval équivaut à celle de sept hommes.

Voici les principaux instruments ou les *machines* dont on fait usage.

Le *levier* est une barre de bois ou de fer, au moyen de laquelle un homme peut remuer de grosses masses avec l'effort de ses bras.

Une *balance* à peser est formée d'un levier ou fléau qui repose, par son milieu, sur une colonne ou pied, et soutient à ses bouts deux plateaux suspendus : sur l'un on met le corps à peser, et sur l'autre des poids pour l'équilibrer.

Au lieu de soulever directement une grosse masse,

il est plus facile de la faire monter le long d'une planche inclinée. Cette planche est alors un *plan incliné*.

Pour fendre le bois, on est parfois obligé de se servir d'un *coin*, qui est un morceau de bois ou de fer taillé en forme de hache, et sur la tête duquel on frappe fortement avec un marteau : alors les faces du coin font écarter les deux moitiés du bois, qui finissent par se séparer.

54ᵉ LEÇON.

Suite des MACHINES SIMPLES.

Une *vis* est un cylindre qui porte des raies, lesquelles vont en tournant comme une ficelle enroulée. On se sert de la vis pour serrer. Dans beaucoup de cas, les vis ne font que remplacer les clous.

Une *poulie* est une espèce de roue qui tourne sur un *axe* ou *essieu* passant par son centre. Le contour de la poulie est creusé en une gorge plus ou moins profonde, de manière à recevoir une corde. En tirant cette corde par un bout, on fait avancer un fardeau attaché à l'autre bout. Il y a aussi des poulies qui sont mobiles, c'est-à-dire qui avancent ou reculent, tout en tournant sur leur axe.

NOTIONS DIVERSES. 71

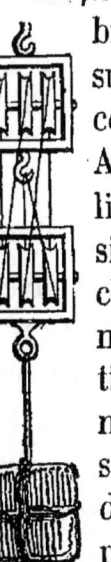

Une *moufle* est formée de plusieurs poulies embrochées sur deux axes. Une corde passe sur toutes ces poulies, et donne beaucoup de force pour soulever les fardeaux. Ainsi, par exemple, s'il y a trois poulies sur chacun des deux axes, il y aura six cordons allant de l'un à l'autre; et chacun de ces six cordons supportant le même poids, on voit qu'il suffit alors de tirer le cordon avec une force six fois moindre que si on soulevait le fardeau sans l'emploi de la moufle. Il y a aussi des moufles où les poulies sont toutes placées au-dessous les unes des autres.

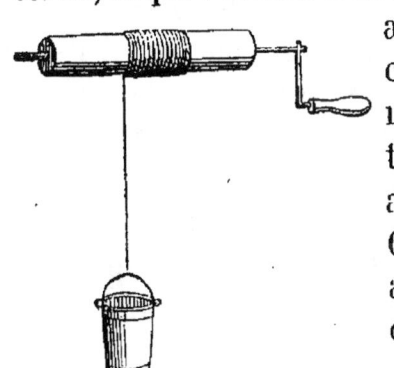

Un *treuil* est un cylindre sur lequel s'enroule une corde, et que l'on fait tourner avec une espèce de bras appelé *manivelle*. Alors la corde s'enroule ou se déroule, selon qu'on fait monter ou descendre un corps attaché à son extrémité. On gagne de la force en agrandissant la manivelle, ou en diminuant la grosseur du cylindre.

C'est par la réunion des machines simples qu'on fait les machines composées, comme les pendules et les montres, les moulins, les métiers à filer, à tisser, les machines à vapeur, etc. Au moyen de ces machines, l'homme facilite ses travaux les plus pénibles.

55ᵉ LEÇON.

MACHINES COMPOSÉES.

Les machines sont un bienfait pour l'homme. En multipliant ses forces, qu'elles remplacent souvent totalement, elles lui procurent plus de loisir et plus d'aisance. Voilà pourquoi les pays civilisés sont ceux où il y a le plus grand nombre de machines et, par conséquent, le plus d'aisance en général. Car, bien qu'en apparence les machines paraissent retirer du travail aux bras, elles multiplient cependant les produits à un tel point, qu'en définitive il résulte pour tous une aisance infiniment plus grande. En Turquie, par exemple, et dans une grande partie de la Russie, il n'y a pas de machines, aussi les hommes ont-ils à peine des vêtements pour se couvrir, et ils sont privés de presque toutes les aisances de la vie, dont on jouit dans les pays plus civilisés. La machine à vapeur, perfectionnée depuis quarante ans environ par l'Anglais Watt, produit surtout les plus grands et les plus heureux résultats : elle s'emploie aussi bien pour filer les aiguilles que pour forger les ancres des plus gros vaisseaux.

En Angleterre, les machines sont tellement multipliées, qu'elles font maintenant le travail de plus de six millions d'hommes.

56ᵉ LEÇON.

Suite des MACHINES COMPOSÉES.

L'eau réduite en vapeur, lorsqu'elle est fortement chauffée, acquiert une force d'autant plus considérable que la chaleur est plus grande. Si une marmite était parfaitement fermée par son couvercle, quel que fût le poids qu'on mettrait dessus, l'eau renfermée dans la marmite, se changeant en vapeur, soulèverait ce couvercle, ou bien les parois du vase éclateraient. Un canon du plus gros calibre rempli d'eau qu'on ferait fortement chauffer, lancerait un boulet avec autant de force que pourrait le faire de la poudre, ou bien il éclaterait s'il était trop fortement bouché.

C'est à l'observation de ce fait qu'est due l'invention de la machine à vapeur, qui sert maintenant à faire marcher rapidement les vaisseaux sur la mer ou les bateaux sur les rivières, à traîner les voitures sur des routes en fer avec une vitesse bien supérieure à celle d'un cheval au galop.

Appliquées aux diverses industries, les machines aident l'homme à filer le coton, le lin et la laine, et à rendre les tissus si communs et d'un prix si peu élevé, que maintenant presque tout le monde porte des bas et de bons vêtements, qu'autrefois les gens très-riches portaient seuls.

C'est ainsi que l'homme a tourné tout à son avantage dans la nature, même les poisons, dont la médecine fait, dans certains cas, des remèdes utiles. Nous allons passer en revue un certain nombre de ces heureux résultats auxquels l'industrie humaine est successivement parvenue.

57ᵉ LEÇON.

LES TISSUS.

La *corde*, la *ficelle* et le *fil* se font avec l'écorce du chanvre.

La *toile* ordinaire se fait avec du fil de chanvre ou de lin.

Le *coton* est produit par des arbrisseaux. On le file pour faire la percale et le calicot.

La *laine* que fournissent les moutons sert à fabriquer le drap, les couvertures de lit et les tapis.

La *soie* est produite par de petits vers ou chenilles, qui se changent en chrysalides et se transforment en papillons blancs ; la coque de la chrysalide est la soie qu'on dévide.

58ᵉ LEÇON.

LE PAPIER, LES CRAYONS, L'ENCRE, ETC.

Les feuilles de papier se font avec de vieux chiffons de toile pourris, broyés, réduits en pâte, étendus sur une sorte de tamis, puis serrés entre des morceaux de gros drap.

Le carton se fait avec le rebut des chiffons, auquel on ajoute des chiffons de laine et même de la terre.

L'encre à écrire est formée avec le *vitriol de fer*, la *noix de galle*, le *bois de campêche*, la *gomme* et l'*eau*. L'encre à imprimer est composée de noir de fumée broyé avec de l'huile épaissie par la cuisson et du vernis.

Les plumes d'oies et de corbeaux servent à écrire. On les dégraisse avec de la cendre chaude.

Les crayons de bois, appelés improprement *crayons de mine de plomb*, sont un composé de charbon uni à un peu de fer. Les crayons noirs sont faits avec du noir de fumée et de la terre argileuse; les crayons rouges, avec de l'*ocre*. La craie que l'on rencontre toute faite dans la nature, sert de crayons blancs.

On fait les *couleurs* avec certaines terres broyées, et au moyen de certaines plantes qu'on chauffe dans des cuves avec de l'eau.

Un insecte du Mexique, la *cochenille*, qu'on fait mourir dans l'eau bouillante, donne le *carmin*: c'est le plus beau rouge que l'on connaisse. Le *kermès* est aussi un insecte qui donne une belle couleur rouge tirant sur le violet.

Le drap se teint en bleu avec l'*indigo*, couleur extraite des feuilles d'une *plante* que l'on cultive surtout en Amérique. La soie prend une plus belle couleur par le *bleu de Prusse*.

Le drap se teint en écarlate au moyen de la *cochenille*. Le rouge ordinaire s'obtient avec la racine de *garance*.

Le *bois de Brésil* donne du rouge.

Le *bois d'Inde* et *l'orseille* donnent du violet.

Le jaune se fait avec la *gaude* et le *quercitron*.

Le noir se fabrique avec les sels de fer, la noix de galle et le bois de campêche.

59ᵉ LEÇON.

LES TÉLÉGRAPHES.

Un télégraphe est une mécanique placée de distance en distance sur des lieux élevés, et destinée à transmettre au loin, en très-peu de temps, par des signaux convenus, les nouvelles urgentes.

On est redevable au Français Chappe du système des télégraphes, qu'il inventa en 1791.

La correspondance par signaux était connue des anciens ; mais ce qui distingue les télégraphes modernes, c'est que, par la combinaison des signaux, ils forment les caractères d'un langage complet, et permettent d'annoncer des nouvelles fort compliquées.

On a imaginé de nos jours un moyen de communication bien plus rapide encore ; c'est le télégraphe électrique. Au moyen d'un fil de cuivre ou de fer qui communique par une de ses extrémités avec un réservoir d'électricité, on établit un courant électrique qui met en mouvement une aiguille placée à l'autre extrémité du fil et qui tourne sur un cadran où sont marquées les lettres ; on transmet ainsi des nouvelles avec une merveilleuse rapidité.

60ᵉ LEÇON.

LES CHEMINS DE FER.

Les chemins de fer ont été exécutés pour la première fois en Angleterre, en 1824.

Les chemins de fer ne sont pas des routes pavées en fer ; ce sont de simples barres de fer, nommées en anglais *rails*, soutenues de distance en distance par des dés en pierre, ou par une solive de bois dur, et éloignées l'une de l'autre de la largeur des chariots.

Ces chariots ont des roues en fer qui s'emboîtent exactement dans les rails, et roulent avec une facilité surprenante, en sorte qu'un homme seul fait marcher un chariot pesamment chargé, et qu'un cheval traîne huit ou dix de ces chariots attachés ensemble. Ils peuvent aussi être mis en mouvement par des machines à vapeur. Une seule de ces machines peut faire mouvoir jusqu'à trente chariots chargés chacun de 1,000 kilogrammes. Des voitures remplies de voyageurs font, terme moyen, 40 kilomètres par heure. Sur ces chariots, on transporte maintenant avec promptitude et économie les bœufs, les cochons, les moutons, la volaille, etc. Les chemins de fer doivent être disposés sur un terrain aussi uni qu'il est possible.

NOTIONS HISTORIQUES
SUR HAÏTI.

1. L'île d'Haïti ou de Saint-Domingue est la plus belle et la plus riche de l'archipel américain ; on l'a justement nommée *la reine des Antilles*. Sa longueur est d'environ cent soixante-quinze lieues, et sa plus grande largeur de cinquante-huit. Du centre de l'île partent trois chaînes de hautes montagnes dont une se dirige vers l'est, une seconde vers le nord-ouest et la troisième vers le sud. De nombreuses rivières, telles que l'Artibonite, l'Ozama, la Neyva et l'Yuna sortent de ces montagnes et contribuent à la fertilité du sol, qui est couvert d'une admirable végétation. Le café, la canne à sucre, le coton, le tabac, l'indigo, le cacao y sont cultivés avec succès ; des bois précieux, tels que l'acajou et le gaïac, y croissent naturellement. Les plaines qui s'étendent entre les montagnes et la mer nourrissent de nombreux troupeaux. Les richesses minérales ne manquent pas non plus à Haïti ; elle renferme des mines d'or, d'argent et de cuivre, des carrières de marbre et de porphyre et du charbon de terre.

2. Haïti fut découverte par Christophe Colomb, dans le premier voyage que fit ce célèbre navigateur à la recherche du nouveau continent; ce fut

le 6 décembre 1492 que Colomb aborda à cette île, que les Indiens appelaient Haïti, c'est-à-dire terre montagneuse, et à laquelle il donna le nom d'Hispaniola. Il y trouva une population d'un caractère doux et hospitalier, et qui ne demandait qu'à vivre en paix avec les Espagnols. Mais ceux-ci réduisirent en esclavage ces malheureux indigènes et les accablèrent de pénibles travaux ; ils ne leur donnaient pas même de quoi suffire à leur nourriture ; beaucoup moururent ainsi de fatigue et de faim. Poussés à bout par tant de souffrances, les Indiens se soulevèrent ; les Espagnols alors leur firent une guerre d'extermination, et dépeuplèrent en peu d'années Hispaniola, qui, à leur arrivée, contenait environ trois millions d'habitants. Ils allaient à la chasse des hommes avec des chiens, et les Indiens, presque nus et sans armes, étaient poursuivis dans le fond des forêts, dévorés par les dogues, tués à coups de fusil, ou surpris et brûlés dans leurs habitations.

Mais il fallait des bras pour cultiver la terre et pour exploiter les mines d'or ; les Espagnols imaginèrent d'acheter aux Portugais des noirs de leurs établissements d'Afrique et de les transporter à Hispaniola ; ainsi s'établit ce commerce impie désigné sous le nom de traite.

3. La colonie d'Haïti dépérissait entre les mains des Espagnols, lorsqu'une puissance nouvelle, la France, lui en disputa la possession. Des aventuriers français, connus sous le nom de flibustiers, s'étaient établis sur la côte septentrionale d'Haïti ; quand ils ne faisaient pas la piraterie, ils vivaient

du produit de la chasse qu'ils faisaient aux bœufs sauvages, dont ils séchaient la viande à la fumée. De là leur vint aussi le nom de boucaniers, parce que dans certaines îles de l'Amérique les Indiens anthropophages appelaient boucans les endroits où ils séchaient ainsi la chair de leurs prisonniers. Leur principal établissement était d'abord dans l'île de la Tortue, voisine de la côte d'Haïti. Mais peu à peu la colonie du Cap se développa sur la côte septentrionale d'Haïti, et le gouvernement français y établit une administration régulière. La prospérité de la colonie fut souvent compromise par les attaques des Espagnols et des Anglais. Enfin le traité de paix conclu en 1697 entre l'Espagne et la France reconnut l'établissement des Français dans la partie occidentale de l'île; les limites de leurs possessions furent fixées à la pointe du cap Rose au nord, à la pointe de la Béate au midi. La paix développa la prospérité de la colonie et changea les mœurs des flibustiers; beaucoup d'entre eux devinrent cultivateurs, et ceux qui voulurent continuer la vie d'aventures quittèrent le pays. La population prit des accroissements considérables : en 1789, la colonie française comprenait environ trente mille blancs, vingt-huit mille hommes de couleur, et cinq cent mille noirs; cette population était divisée en trois provinces, comprenant cinquante deux paroisses. La partie espagnole n'avait en tout qu'une population de cent cinquante mille âmes.

4. Malheureusement la prospérité d'Haïti reposait sur l'esclavage; et même parmi les hommes libres, il y avait comme deux castes, les blancs et les mu-

lâtres; les blancs méprisaient les mulâtres. L'esclavage et les préjugés de race devaient être pour Haïti la cause d'épouvantables malheurs. Au début de la révolution française, en 1789, il se forma parmi les blancs un parti qui voulait soustraire la colonie à l'autorité de la métropole; ce parti se mit en révolte ouverte contre le gouverneur et donna l'exemple du meurtre, en égorgeant, à Port au Prince, un colonel qui avait été chargé de rétablir l'ordre. L'insurrection des blancs triompha; mais une insurrection plus terrible lui succéda bientôt.

Les mulâtres avaient réclamé auprès de l'Assemblée nationale de France pour obtenir les droits de citoyen, que les blancs leur refusaient. L'Assemblée admit la réclamation des mulâtres par le décret du 15 mai 1791. Au milieu de l'agitation causée par la nouvelle de ce décret, on apprit que sur plusieurs points les noirs s'étaient soulevés, qu'ils égorgeaient tous les blancs qu'ils pouvaient surprendre, et qu'ils brûlaient leurs habitations. Les blancs exaspérés considérèrent tout noir comme un ennemi, et massacrèrent indistinctement tous ceux qu'ils rencontraient. Ainsi on vit des hommes paisibles, qui n'avaient pas pris les armes, traités avec la dernière cruauté. Ayant repoussé momentanément les noirs, les blancs trouvaient en face d'eux d'autres adversaires, les mulâtres, qui réclamaient l'exécution du décret de 1791. Bientôt la colonie n'est plus qu'un champ de carnage; les blancs, les mulâtres et les noirs se combattent avec fureur.

5. Sur ces entrefaites, la guerre éclata entre la France et l'Angleterre. Les Anglais allaient profiter

des désordres de Saint-Domingue pour essayer d'enlever cette belle colonie à la France; le 29 août 1793, le commissaire Santhonax, pour s'assurer du concours des noirs, proclama leur affranchissement. Les Anglais furent repoussés, grâce aux succès d'un noir, Toussaint-Louverture, élevé au rang de général en chef. Mais Toussaint-Louverture avait conçu de plus vastes projets; il voulait assurer à la fois l'indépendance d'Haïti et le triomphe des noirs sur les blancs et les mulâtres. Pendant quelques années, cet homme extraordinaire administra le pays avec une rare habileté; il exerçait les pouvoirs d'un véritable souverain; la France n'avait plus sur la colonie qu'une autorité nominale, et les chefs mulâtres qui avaient essayé de résister à Toussaint furent réduits à émigrer. En 1801, il prit encore possession de la partie orientale de l'île que l'Espagne avait cédée à la France.

Cependant le gouvernement français, ayant conclu la paix avec l'Angleterre, se disposa à rétablir à Saint-Domingue l'autorité de la métropole. Une expédition fut envoyée pour soumettre l'île. Trompés par les promesses du général Leclerc, beaucoup de noirs abandonnèrent Toussaint, qui posa les armes, et rentra dans la vie privée. Mais la perfidie du général français, qui se saisit traîtreusement de Toussaint et l'envoya prisonnier en France, excita un nouveau soulèvement; les Français furent chassés, l'indépendance d'Haïti fut solennellement proclamée, et Dessalines, un des lieutenants de Toussaint, fut nommé gouverneur général (1er janvier 1804). Quelques mois auparavant, Toussaint-Louverture, enfermé dans un sombre cachot à Besançon, avait succombé à ses souffrances.

6. Dessalines avait pris le titre d'empereur; mais ses cruautés le firent détester, et il fut assassiné en 1806. De nouveaux troubles éclatèrent alors; Pétion, soutenu par les mulâtres et Christophe qui voulait, comme Toussaint et Dessalines, le triomphe des noirs, se disputèrent l'autorité. Christophe resta maître dans le nord, et Pétion dans le sud et dans l'ouest. Les Espagnols avaient profité de ces dissensions pour reconquérir la partie orientale de l'île.

En 1811, Christophe se fit couronner roi d'Haïti sous le nom de Henri Ier; Pétion se contenta du titre de président.

Sur ces entrefaites, de grands événements s'étaient accomplis en France. Napoléon avait succombé sous la coalition de l'Europe, et les Bourbons étaient remontés sur le trône de France. Louis XVIII, sur la demande des colons dépossédés, essaya de négocier avec Christophe et Pétion pour rétablir l'autorité de la France sur Haïti; mais les ouvertures du gouvernement français furent repoussées. Pétion mourut en 1818, après avoir désigné pour son successeur le général Boyer. Deux ans après, une révolte éclata contre Christophe, qui se donna la mort. Boyer profita de cette circonstance pour réunir sous son autorité le nord et le sud. Le nouveau président reprit avec la France les négociations précédemment interrompues, et en 1825, le roi Charles X reconnut l'indépendance pleine et entière du gouvernement d'Haïti, sous la condition d'une indemnité de cent cinquante millions de francs en faveur des anciens colons.

7. Des difficultés s'étant élevées entre le président Boyer et la chambre des réprésentants, celui-ci fit expulser de la chambre les membres les plus ardents de l'opposition. Les luttes politiques, à peine suspendues par la terrible catastrophe de 1842, aboutirent à une insurrection; la déchéance de Boyer fut proclamée, une nouvelle constitution fut promulguée, et au mois de janvier 1844, Rivière Hérard fut élevé à la présidence. Mais une nouvelle révolution renversa bientôt Hérard, qui fut remplacé par le général Guerrier. Celui-ci mourut peu après, et eut pour successeur le général Louis Pierrot, dont la présidence ne dura qu'une année. Sa déchéance fut prononcée en 1846, et le général Riché le remplaça.

Lorsqu'en 1847, une mort subite eut enlevé Riché, le sénat appela à la présidence le général noir Faustin Soulouque. En 1849, le président Soulouque a été proclamé empereur d'Haïti sous le nom de Faustin Ier, aux applaudissements de l'immense majorité de la nation.

PRIÈRES.

Au nom du Père, et du Fils, et du Saint-Esprit. Ainsi soit-il.

In nomine Patris, et Filii, et Spiritús sancti. Amen.

L'ORAISON DOMINICALE.

Notre Père, qui êtes dans les cieux, que votre nom soit sanctifié, que votre règne arrive, que votre volonté soit faite en la terre comme au ciel; donnez-nous aujourd'hui notre pain quotidien, et pardonnez-nous nos offenses, comme nous pardonnons à ceux qui nous ont offensés; et ne nous abandonnez point à la tentation, mais délivrez-nous du mal. Ainsi soit-il.

Pater noster, qui es in cœlis, sanctificetur nomen tuum : adveniat regnum tuum : fiat voluntas tua, sicut in cœlo et in terrâ. Panem nostrum quotidianum da nobis hodie, et dimitte nobis debita nostra, sicut et nos dimittimus debitoribus nostris. Et ne nos inducas in tentationem : sed libera nos a malo. Amen.

LA SALUTATION ANGÉLIQUE.

Je vous salue, Marie, pleine de grâce, le Seigneur est avec vous, vous êtes bénie entre toutes les femmes, et Jésus, le fruit de vos entrailles, est béni.

Sainte Marie, mère de Dieu, priez pour nous, pauvres pécheurs, maintenant et à l'heure de notre mort. Ainsi soit-il.

Ave Maria, gratiâ plena, Dominus tecum, benedicta tu in mulieribus, et benedictus fructus ventris tui, Jesus.

Sancta Maria, Mater Dei, ora pro nobis peccatoribus, nunc et in horâ mortis nostræ. Amen.

LE SYMBOLE DES APÔTRES.

Je crois en Dieu le Père tout-puissant, créateur du ciel et de la terre, et en Jésus-Christ, son Fils unique, Notre-Seigneur, qui a été conçu du Saint-Esprit, est né de la Vierge Marie, a souffert sous Ponce Pilate, a été crucifié, est mort et a été enseveli; est descendu aux enfers, et est ressuscité des morts le troisième jour; est monté aux cieux, et est assis à la droite de Dieu le Père tout-puissant, d'où il viendra juger les vivants et les morts.

Je crois au Saint-Esprit, à la sainte Église catholique, à la communion des saints, à la rémission des péchés, à la résurrection de la chair, à la vie éternelle. Ainsi soit-il.

Credo in Deum Patrem omnipotentem, creatorem cœli et terræ; et in Jesum Christum Filium ejus unicum, Dominum nostrum, qui conceptus est de Spiritu sancto, natus ex Mariâ Virgine, passus sub Pontio Pilato, crucifixus, mortuus et sepultus : descendit ad inferos : tertiâ die resurrexit a mortuis : ascendit ad cœlos, sedet ad dexteram Dei Patris omnipotentis, unde venturus est judicare vivos et mortuos.

Credo in Spiritum sanctum, sanctam Ecclesiam

catholicam, sanctorum communionem, remissionem peccatorum, carnis resurrectionem, vitam æternam. Amen.

LA CONFESSION DES PÉCHÉS.

Je confesse à Dieu tout-puissant, à la bienheureuse Marie toujours vierge, à saint Michel archange, à saint Jean-Baptiste, aux apôtres saint Pierre et saint Paul, à tous les saints, que j'ai beaucoup péché, par pensées, par paroles et par actions; j'ai péché par ma faute, par ma faute, par ma très-grande faute. C'est pourquoi je supplie la bienheureuse Marie toujours vierge, saint Michel archange, saint Jean-Baptiste, les apôtres saint Pierre et saint Paul, tous les saints, de prier pour moi le Seigneur, notre Dieu.

Confiteor Deo omnipotenti, beatæ Mariæ semper virgini, beato Michaeli archangelo, beato Joanni Baptistæ, sanctis apostolis Petro et Paulo, omnibus sanctis: quia peccavi nimis cogitatione, verbo et opere, meâ culpâ, meâ culpâ, meâ maximâ culpâ. Ideo precor beatam Mariam semper virginem, beatum Michaelem archangelum, beatum Joannem Baptistam, sanctos apostolos Petrum et Paulum, omnes sanctos, orare pro me ad Dominum, Deum nostrum.

LES COMMANDEMENTS DE DIEU.

Un seul Dieu tu adoreras,
Et aimeras parfaitement.
Dieu en vain tu ne jureras,
Ni autre chose pareillement.
Les dimanches tu garderas

En servant Dieu dévotement.

Tes père et mère honoreras,
Afin de vivre longuement.

Homicide point ne seras,
De fait ni volontairement.

Luxurieux point ne seras,
De corps ni de consentement.

Le bien d'autrui tu ne prendras,
Ni retiendras à ton escient.

Faux témoignage ne diras,
Ni mentiras aucunement.

L'œuvre de chair ne désireras
Qu'en mariage seulement.

Biens d'autrui ne convoiteras,
Pour les avoir injustement.

LES COMMANDEMENTS DE L'ÉGLISE.

Les fêtes tu sanctifieras,
Qui te sont de commandement.

Les dimanches messe ouïras,
Et les fêtes pareillement.

Tous tes péchés confesseras,
A tout le moins une fois l'an.

Ton Créateur tu recevras,
Au moins à Pâques humblement.

Quatre-Temps, Vigiles jeûneras,
Et le Carême entièrement.

Vendredi chair ne mangeras,
Ni le samedi mêmement.

Imprimerie de Ch. Lahure (ancienne maison Crapelet)
rue de Vaugirard, 9, près de l'Odéon.

AVIS

MM. L. Hachette et Cⁱᵉ, libraires à Paris, éditeurs de la plupart des ouvrages qui de près ou de loin se rattachent à l'éducation privée et à l'enseignement public, aussi bien des livres les plus élémentaires que des publications historiques, littéraires, philosophiques et scientifiques de l'ordre le plus élevé, porteut à la connaissance du public qu'ils se chargent également de procurer à leurs clients les articles de librairie étrangers à leur catalogue, ainsi que tous abonnements aux journaux et toutes fournitures de papeterie et de matériel de bureau, qu'ils sont à commission à prix fixes aux conditions les plus modérées, et sont en mesure d'expédier les demandes qui leur seront adressées, avec exactitude et célérité.

MM. L. Hachette et Cⁱᵉ signalent aussi à l'attention des voyageurs et de toutes les personnes qui ont des loisirs, la vaste publication qu'ils ont entreprise et qu'ils poursuivent avec activité, sous le titre de *Bibliothèque des chemins de fer*. Guides de toute nature, voyages, livres d'histoire, de littérature française et étrangère, d'agriculture et d'industrie, petits volumes illustrés pour les enfants, ouvrages divers, c'est-à-dire une bibliothèque complète, variée, surtout amusante, d'un format portatif et commode, d'une exécution élégante ; tel est l'ensemble de cette collection, qui comprend près de 500 volumes, où chacun, le littérateur, l'homme du monde, l'homme d'affaires, l'ecclésiastique, le militaire, la jeune fille, le chasseur, le savant, trouvera plusieurs ouvrages rédigés exprès pour lui.

Les correspondants étrangers auxquels il conviendrait de charger de leurs affaires MM. L. Hachette et Cⁱᵉ, devront leur adresser avec leurs demandes des remises d'une valeur équivalente ou fournir une garantie satisfaisante.

Le catalogue général de la maison sera adressé aux personnes qui le désireraient et par la voie qu'elles indiqueront, sauf celle des postes anglaises qui ne se chargent pas du transport de ces sortes d'imprimés.

Imprimerie de Ch. Lahure (ancienne maison Crapelet) rue de Vaugirard, 9, près de l'Odéon.

www.ingramcontent.com/pod-product-compliance
Lightning Source LLC
LaVergne TN
LVHW050648090426
835512LV00007B/1100